Gramática do Português Brasileiro

Dez lições de nível intermediário

中級への
ブラジル・ポルトガル語
文法

田所清克／モイゼス・カルヴァーリョ／ペドロ・アイレス　著

SANSHUSHA

はじめに ── 接続法をマスターしよう！

　ポルトガル語の文法組織を体系的に習得する学習者は、習う順序の違いはあれ、動詞の形として、《直説法》《接続法》《命令法》という3つの法［話し手が話の内容について感じる心理的な立場や態度］のおおまかな違いを学びます。しかしながら、こと接続法に関するかぎり、学習者の多くがその用法を真に理解しているとは言い難く、接続法をどのように包括的かつ効果的に教えるかについては、教授法的に大きな問題となります。

　にもかかわらず、自戒の念も込めて申し述べますが、教える側はそうした事実をあまり認識せずに軽視して、ただ漫然と《直説法 (modo indicativo)》から《接続法 (modo subjuntivo, ポルトガルでは conjuntivo)》へと慣例に従って授業を展開してきました。そして、直説法と接続法を関連づけながら双方のルールをしっかりと教え込む作業を怠ってきたような気がします。それでいて、会話の授業ではいきなり最初から、接続法を使った表現が頻繁に使われる按配ですから、学習者にしてみれば戸惑いと困難を覚えるのももっともなことかもしれません。

　管見ながら、ポルトガル語の運用能力を高めると同時に、コミュニケーションの手段として有効に活用するとなればやはり、学習の早い時点で接続法の理解は不可欠です。その場合、直説法を学ぶ時点で、同時並行的に接続法を学習することが肝心です。

　これまで、接続法について詳細に解説した文法書はほとんど皆無でした。その意味で、本書『中級へのブラジル・ポルトガル語文法』のように、接続法とその用法に特化した文法書が待ち望まれていたのは事実です。

　本書は、直説法と対置させながら、接続法を導く一般的なルールを習熟することに眼目を置いています。そして、比較的平易な例文を、各文法項目のなかでできるかぎり多く紹介することによって、接続法の理解を深めることはもちろん、日常のコミュニケーションにも資するように編んだつもりです。

　本書を通じて、学習者の皆さんが接続法の用法の基本を習熟し、日常ポルトガル語の実践に向けて活用していただければ、著者としては望外の喜びです。

　末尾ながら、ポルトガル語教育の観点からの本書の学術的な有用性と価値をお認めになり、出版をご決意くださった三修社社長前田俊秀氏、そして編集部の斎藤俊樹氏および山本拓氏に対して、深甚の謝意を表する次第です。

　夏告げる祇園ばやしの音(ね)とともに、都大路を巡行する動く美術館さながらの山鉾のみやびの世界に陶然としながら

　　　2013年　　田所清克、モイゼス・カルヴァーリョ、ペドロ・アイレス

本書の使い方

本書は「文法解説」「練習問題」「ポルトガル語の新正書法」の３つの要素で構成されています。

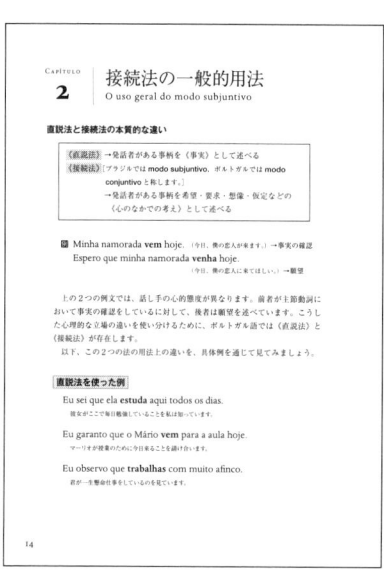

「文法解説」は原則として、文法事項をまとめた「表または図式」とそれを補う「例文」から成るシンプルなものです。細かな解説は省かれており、あくまでも既習の文法事項のリマインダーとして位置づけられています。しかしまた、これらの事項が頭に入ってないと、続く練習問題が解けないという目安でもありますので、復習も兼ねて目を通してみてください。

「練習問題（Exercícios）」は、本書のなかでも重要な項目です。課によって問題数は違いますが、主に翻訳問題を中心に構成されています。自己採点しながら、文法事項の確認のために取り組んで下さい。

本書の巻末には、付記として「ポルトガル語を公用とする国々で施行されるポルトガル語の新正書法」についての細かい解説を付しております。ここでは、ポルトガル語圏におけるポルトガル語の新正書法の統一の歴史と概要の解説に始まり、新正書法になるにあたっての、これまでの正書法との相違点が細かく説明してあります。どういった単語が、新正書法表記に変わっているのか、一つ一つ確認してみましょう。またその後の部分に、「接続法の語形変化」も付してありますので、語形変化を確認したいときに活用してみてください。

　また本書には「別冊解答集」が付いています。取り外しできる小冊子になっていますので、手元に置いて答え合わせができ、大変便利です。さらに、単に解答を書き並べるだけでなく、難解と思われる箇所には問題文の「和訳」を施しました。紙幅の関係上、すべてを網羅することはできませんでしたが、学習の理解の手助けとなるよう最大限の工夫を凝らしています。

もくじ

| Capítulo 1 | 法と時制と態の理解のために | 10 |

| Capítulo 2 | 接続法の一般的用法 | 14 |

| Capítulo 3 | 接続法現在 | 26 |

❶ 接続法現在の作り方
❷ 接続法にする際につづり字の変化を受ける動詞群
❸ 名詞節の接続法
❹ 形容詞節の接続法
❺ 副詞節の接続法

| Capítulo 4 | 主節もしくは独立文において | 94 |

❶ 命令文の接続法
❷ 祈願文の間投詞の接続法
❸ talvez (quiçá) +動詞

| Capítulo 5 | 接続法不完全過去 (＝半過去) | 100 |

❶ 接続法不完全過去形の作り方
❷ 接続法不完全過去の用法

| Capítulo 6 | 接続法完全過去 | 108 |

❶ 接続法完全過去形の作り方
❷ 接続法完全過去の用法

| Capítulo 7 | 接続法過去完了 (＝大過去) | 116 |

❶ 接続法過去完了形の作り方
❷ 接続法過去完了の用法

Capítulo 8 接続法未来 124

- ❶ 接続法未来(単純形)の作り方
- ❷ 接続法未来(単純形)の用法
- ❸ 接続法未来完了(複合形)の作り方
- ❹ 接続法未来完了(複合形)の用法

Capítulo 9 条件文(条件法) 138

- ❶ 仮想(仮定)を含む条件文
- ❷ 仮定(仮想)を含まない条件文

Capítulo 10 命令文(命令法) 146

- ❶ 命令文の作り方
- ❷ 二人称に対する肯定命令での命令法の用法
- ❸ 二人称に対する否定命令での接続法の用法
- ❹ 三人称に対する命令法の用法
- ❺ 勧誘する場合の表現:さあ〜しよう
- ❻ 条件を表す命令文
- ❼ 丁寧な命令表現

ポルトガル語を公用語とする国々で施行されるポルトガル語の新正書法 160
接続法の語形変化 167
参考文献 171
別冊解答集

中級へのブラジル・ポルトガル語文法

CAPÍTULO I
法と時制と態の理解のために
Entendendo a voz, o modo e o tempo

　《法 (modo)》とは話し手の心的態度を表現する語形変化のことです。ポルトガル語では、基本的には《直説法 (Indicativo)》《接続法 (Subjuntivo)》《命令法 (Imperativo)》を指す以外に、単純形、複合形を含む《条件 (Condicional)》も《法》とみなし得ます。このように研究者の間でも《法》の認識にはかなりの違いがあるようです。例えば、一部の研究者は《法》を《直説法》、《接続法》、《不定法》に限定して捉えています。またある研究者は、《直説法》、《接続法》、《条件法》に加え、《願望 (Optativo)》も《法》と考えています。

　最初に、《態》を含めた基本的な《法》と時制を理解するために、具体的な例文を通してその違いを見てみることにしましょう。ここでは紙幅の都合でar動詞のみに限って例示します。《直説法》の場合と《接続法》の場合を見比べてみると、その違いは明らかです。以下の項目では、2つの表で示す《直説法》と《接続法》を関連づけながら、《接続法》の用法について論じます。《条件（仮定）法》については上述していませんが、seのある条件節でももちろん《接続法》が用いられることから、末尾でその用法についても言及することにします。

時制	能動態	受動態
直説法 現在	Todo mundo **compra** este dicionário eletrônico. みんなはこの電子辞書を買う。	Este dicionário eletrônico **é comprado** por todo mundo. この電子辞書はみんなに買われる。
直説法 不完全過去 (＝半過去)	Todo mundo **comprava** este dicionário eletrônico. みんなはこの電子辞書を買っていた。	Este dicionário eletrônico **era comprado** por todo mundo. この電子辞書はみんなに買われていた。
直説法 完全過去	Todo mundo **comprou** este dicionário eletrônico. みんなはこの電子辞書を買った。	Este dicionário eletrônico **foi comprado** por todo mundo. この電子辞書はみんなに買われた。
直説法 現在完了	Todo mundo **tem comprado** este dicionário eletrônico. みんなはこの電子辞書を買っている（今も買っている）。	Este dicionário eletrônico **tem sido comprado** por todo mundo. この電子辞書はみんなに買われている（今も買われている）。
直説法 過去完了 (＝大過去・ 単純形)	Todo mundo já **comprara** este dicionário eletrônico. みんなはこの電子辞書を既に買っていた。	Este dicionário eletrônico **fora comprado** por todo mundo. この電子辞書はみんなに買われていた。
直説法 過去完了 (＝大過去・ 複合形)	Todo mundo já **tinha comprado** este dicionário eletrônico. みんなはこの電子辞書を既に買っていた。	Este dicionário eletrônico **tinha sido comprado** por todo mundo. この電子辞書はみんなに買われていた。
直説法 未来 （単純形）	Todo mundo **comprará** este dicionário eletrônico. みんなはこの電子辞書を買うでしょう。	Este dicionário eletrônico **será comprado** por todo mundo. この電子辞書はみんなに買われるでしょう。
直説法 未来完了 （複合形）	Amanhã, todo mundo **terá comprado** este dicionário eletrônico. 明日、みんなはこの電子辞書を買っていることでしょう。	Amanhã, este dicionário eletrônico **terá sido comprado** por todo mundo. 明日、この電子辞書はみんなによって買われていることでしょう。

時制	能動態	受動態
直説法 過去未来	Todo **mundo compraria** este dicionário eletrônico. みんなはこの電子辞書を買うでしょう。（推量）	Este dicionário eletrônico **seria comprado** por todo mundo. この電子辞書はみんなに買われるでしょう。（推量）
直説法 現在進行形	Todo mundo **está comprando** este dicionário eletrônico. みんなはこの電子辞書を買っている。	Este dicionário eletrônico **está sendo comprado** por todo mundo. この電子辞書はみんなに買われている。
直説法 過去進行形	Todo mundo **estava comprando** este dicionário eletrônico. みんなはこの電子辞書を買っていた。	Este dicionário eletrônico **estava sendo comprado** por todo mundo. この電子辞書はみんなに買われていた。
接続法 現在	Quero que o estudante **compre** este dicionário eletrônico. 私は、その学生にこの電子辞書を買って欲しい。	Quero que este dicionário eletrônico **seja comprado** pelo estudante. 私は、この電子辞書が学生によって買われて欲しい。
接続法 不完全過去 （半過去）	Eu queria que o estudante **comprasse** este dicionário eletrônico. 私は、その学生にこの電子辞書を買って欲しかった。	Eu queria que este dicionário eletrônico **fosse comprado** pelo estudante. 私はこの電子辞書をその学生に買って欲しいのですが。
接続法 完全過去	Duvido que todo mundo **tenha comprado** este dicionário eletrônico. みんながこの電子辞書を買ったとは私は思いません。	Duvido que este dicionário eletrônico **tenha sido comprado** por todo mundo. みんなによってこの電子辞書が買われたとは私は思いません。
接続法 過去完了 （＝大過去）	Eu queria que o estudante **tivesse comprado** este dicionário eletrônico. 私は、その学生にこの電子辞書を買っていて欲しかった。	Eu queria que este dicionário eletrônico **tivesse sido comprado** pelo estudante. （実際は、買ってもらっていないことから）私は電子辞書を学生に買ってもらいたかった。

時制	能動態	受動態
接続法 未来 （単純形）	Se o estudante **comprar** este dicionário eletrônico, ele poderá traduzir esta frase. もしその学生がこの電子辞書を買えば、この文章を翻訳できるでしょう。	Se este dicionário eletrônico **for comprado** pelo estudante, ele poderá traduzir esta frase. もしその電子辞書が学生によって買われるならば、この文章は翻訳できるでしょう。
接続法 未来 （複合形） ［未来完了］	Se o estudante **tiver comprado** este dicionário eletrônico, ele poderá traduzir esta frase. もしその学生がこの電子辞書を買っていたならば、この文章を翻訳できるでしょう。	Se este dicionário eletrônico **tiver sido comprado** pelo estudante, ele poderá traduzir esta frase. もしその電子辞書が学生によって買われたならば、この文章は翻訳できるでしょう。
接続法 現在進行形	Duvido que todo mundo **esteja comprando** este dicionário eletrônico. みんながこの電子辞書を買っているのを私は疑います。	Duvido que este dicionário eletrônico **esteja sendo comprado** por todo mundo. この電子辞書がみんなによって買われていることを私は疑います。
接続法 過去進行形	Duvidava que todo mundo **estivesse comprando** este dicionário eletrônico. みんながこの電子辞書を買っていたことを私は疑います。	Duvidava que este dicionário eletrônico **estivesse sendo comprado** por todo mundo. この電子辞書がみんなによって買われていたことを私は疑います。

Capítulo
2 | 接続法の一般的用法
O uso geral do modo subjuntivo

直説法と接続法の本質的な違い

> 《直説法》→発話者がある事柄を《事実》として述べる
> 《接続法》[ブラジルでは modo subjuntivo、ポルトガルでは modo conjuntivo と称します。]
> →発話者がある事柄を希望・要求・想像・仮定などの《心のなかでの考え》として述べる

例 Minha namorada **vem** hoje. （今日、僕の恋人が来ます。）→事実の確認
Espero que minha namorada **venha** hoje.
（今日、僕の恋人に来てほしい。）→願望

　上の２つの例文では、話し手の心的態度が異なります。前者が主節動詞において事実の確認をしているに対して、後者は願望を述べています。こうした心理的な立場の違いを使い分けるために、ポルトガル語では《直説法》と《接続法》が存在します。
　以下、この２つの法の用法上の違いを、具体例を通じて見てみましょう。

直説法を使った例

Eu sei que ela **estuda** aqui todos os dias.
　　彼女がここで毎日勉強していることを私は知っています。

Eu garanto que o Mário **vem** para a aula hoje.
　　マーリオが授業のために今日来ることを請け合います。

Eu observo que **trabalhas** com muito afinco.
　　君が一生懸命仕事をしているのを見ています。

接続法を使った例

Eu quero que ela **estude** aqui todos os dias.
僕は、彼女に毎日ここで勉強してほしい。

Eu exijo que o Mário **venha** para a aula hoje.
今日、マーリオが授業（のため）に来ることを求めます。

Eu aconselho que **trabalhes** com muito afinco.
君が懸命に働くよう助言します。

《直接法》を使った左頁下の3つの例文では、主節の動詞は、従属節で叙述されている事実を確言したり確証・論証しています。

反対に、《接続法》を使った上の3つの例では、主節の動詞 [quero, exijo, aconselho] が、従属節の動詞が事象や行為などを仮定したり非現実的なものとして述べます。《接続法》が使われるのはそのためです。

双方の用法上の違いを理解していただくために、さらにいくつか例文を見てみましょう。

直説法の例

Eu sei que teus pais te **ajudam** financeiramente.
君の両親が金銭的に君を支援していることを、私は知っています。

Eu sei que minha prima **canta** ópera muito bem.
従妹が大変上手にオペラを歌うのを、僕は知っています。

Eu sempre digo que meus pais **são** pessoas maravilhosas.
私の両親は素晴らしい人だ、と私はいつも言っています。

接続法の例

Eu te peço que me **ajudes** financeiramente.
君が僕（私）を金銭的に援助してくれることを求めます。

Eu lhe proíbo que **cante** tão alto à noite.
僕は彼が夜にそんなに高い声で歌うのを禁じます。

Capítulo 2 接続法の一般的用法

Eu digo que **comas**.
> 僕は君に食べるよう勧めます。

《直説法》を使うか《接続法》を使うかは、主節の動詞の意味する文脈によって決まります。どういう文脈で主節の動詞が使われているかを見極めるのはことのほか重要です。

なぜなら、動詞 dizer の意味の違いによって、2つの用法があり得るからです。つまり、15頁の「直説法の例」の3つ目の例文では dizer は単なる「言う」という意味で用いられているのに対して、上の例文では「勧める」「命じる」といった異なるニュアンスで《接続法》が使われています。

まとめ

これまでの内容を簡単にまとめてみましょう。

> 以下の動詞が主節にある場合、従属節の動詞には《接続法》を用います。
> 1. 希望、願望、助言、勧告、義務、許可、禁止、命令などの表現
> 2. 感情を吐露する表現

Aborrece-me que faças isso.
> 君がそれをするのに、僕はうんざりだ。

Irrita-me que aceites isso.
> 君がそれを受け入れることは、私を苛立たせます。

Admira-me que você esteja aqui.
> 君がここにいることは、私には驚くべきことです。

Espanta-me que venhas aqui.
> 君がここに来ることは、私には驚きです。

Desagrada-lhe que comamos aqui.
> 私たちがここで食べることを、彼は気に入らない。

Alegro-me que não tenhas caído.
> 君が落ちなかったことを、私は喜んでいます。

Lamento que não tenhas conseguido.
君が達成できなかったことを、僕は残念に思います。

Os pais querem que os filhos estudem para os exames.
両親は、息子たちが試験のために勉強することを望んでいます。

Eu sinto que tenhas ficado doente.
君が病気であったことを、私は残念に思います。

Alegra-me que você me venha visitar.
君が訪ねてくるのが僕には嬉しい。

注 主節と従属節の主語が同じ場合は、最初の例のように《不定法 (modo infinitivo)》でも組み立てられます。

Eu quero jogar futebol com meus amigos.
僕は友人たちとサッカーがしたい。

Eu quero que você jogue futebol com meus amigos.
君が僕の友人たちとサッカーをすることを望みます。

Ele decidiu estudar durante todo o fim de semana.
彼は週末の間ずっと勉強することに決めた。

Ele decidiu que nós estudemos durante todo o fim de semana.
彼は、私たちに週末はずっと勉強するように言いつけた。

Nós desejamos vencer o jogo no domingo.
僕たちは日曜日の試合に勝ちたい。

Nós desejamos que vocês vençam o jogo no domingo.
君たちが日曜日の試合に勝つことを、私たちは望んでいます。

Meu filho gosta de brincar com teus primos.
僕の息子は君の従兄弟たちと遊ぶのが好きだ。

Meu filho gosta que tu brinques com teus primos.
僕の息子は、君が君の従兄弟たちと遊ぶのを望んでいる。

Irrita-me pagar caro por este serviço de má qualidade.
　　この質の悪いサービスに高いお金を支払うことに、僕は腹が立つ。

Irrita-me que pagues caro por este serviço de má qualidade.
　　この質の悪いサービスに、君が高いお金を支払うことに、僕は腹が立つ。

Aborrece-me limpar a casa todos os dias.
　　毎日、家を掃除するのに、僕はうんざりしている。

Aborrece-me que você limpe a casa todos os dias.
　　毎日、君が家を掃除するのに、僕はうんざりしている。

3.《直説法》を用いて、発話者がある事実を確認・証明する動詞

・dizer, falar, explicar など
・ver, ouvir, notar, observar などの知覚動詞（verbo sensitivo）
・pensar, recordar, crer, opinar などの心理的な行為を示す動詞

これらの動詞が否定の形であれば、《接続法》を使います。

以下の上段（直説法）と下段（接続法）の文章は、肯定と否定の形の違いを端的に示しています。

［直説法］　　Noto que ela está triste.
　　　　　　　　彼女が悲しんでいることに、私は気づいています。

［接続法］　　Não noto que ela esteja triste.
　　　　　　　　彼女が悲しんでいることに、私は気づきません。

［直説法］　　Acho que eles estão preparados.
　　　　　　　　彼らは準備ができていると、私は思います。

［接続法］　　Não acho que eles estejam preparados.
　　　　　　　　彼らが準備ができているとは、私は思いません。

［直説法］　Penso que estás enganado.
　　　　　　君は間違っていると、僕は思う。

［接続法］　Não penso que estejas enganado.
　　　　　　君が間違っているとは、僕は思わない。

［直説法］　Creio que ele come.
　　　　　　彼は食べると、私は思います。

［接続法］　Não creio que ele coma.
　　　　　　彼が食べるとは、私は思いません。

［直説法］　Vejo que eles saltam.
　　　　　　彼らが跳ぶのを、僕は見る。

［接続法］　Não vejo que eles saltem.
　　　　　　彼らが跳ぶのを、僕は見ない。

注　主語が主節と従属節とで同じときは、前述のように構文は《不定詞》を伴うのが一般的です。しかし、ある特定の動詞の場合、主語に変化がない時も、以下のように《不定詞》と《接続法》を使ったいずれの構文を取ることも可能になります。

Não julgo estar certo.
Não julgo que [eu] esteja certo.
　［僕が］正しいとは、僕は思いません。

Não me lembro de o ter dito.
Não me lembro de que [eu] o tenha dito.
　それを言ったことを、私は思い出せません。

Não me lembro de o ter comprado.
Não me lembro de que [eu] o tenha comprado.
　それを買ったことを、私は思い出せません。

Capítulo 2　接続法の一般的用法

> **4. 従属節の動詞に《接続法》が使われる条件**
> ① 主節に《ser + 形容詞もしくは名詞》構文の、話者の主観的な価値判断を表す非人称の表現があるとき
> ② 主節に確実性を否定する非人称的表現が用いられるとき
> ＊なお、主節の動詞 ser の主語は、que が導く従属節のすべてです。

É necessário que estudes.
君は勉強する必要がある。

É necessário estudar.
勉強する必要がある。

注 従属節の主語が特定されない場合は《不定詞》が用いられます。

É conveniente que o saibas.
君がそれを知るのは都合がいい。

É importante que aprendas inglês.
君が英語を学ぶのは大切なことだ。

É natural que isso tenha acontecido.
それが起こったことは当然だ。

É lógico que faça diferença.
差別するのはもっともである。

É provável que esteja frio.
寒いということは大いにあり得る。

É melhor que você se sente.
君は座った方がいい。

Pode ser que me tenham atribuído o trabalho.
彼らがその仕事を僕に与えたかもしれない。

Não é seguro que o vendedor ambulante venha amanã.
明日、行商人が来るか確かではない。

> **注** "sem dúvida que", "está claro que", "é visto que", "está demonstrado que", "é que" などが補語を伴って主節に来る時は、従属節の動詞は《直説法》になります。

Sem dúvida que está certo.
正しいことは疑いない。

É verdade que cantas bem.
君が歌が上手なのは本当だ。

É evidente que ele não tem juízo.
彼に判断力がないのは明らかです。

Está demonstrado que o tabaco faz mal à saúde.
タバコが健康に悪いことは証明されている。

Certamente que nós o ajudaremos.
私たちが彼を支援することは確かである。

Sucede que ele ainda dorme.
実は、彼はまだ寝ている。

Acontece que minha prima ainda está em casa.
実は、まだ従妹は家にいる。

É que ele não pode dirigir a moto.
実は、彼はオートバイが運転できない。

> **注** 主節動詞が否定文であれば、従属節動詞は《接続法》になります。

Não é que não queira comprá-lo, é que não posso.
それを買いたくないということではなく、実は、僕は買うことができないのです。

Não é que não possa oferecê-lo, é que não quero.
それを差し上げることができないということではなく、実は、僕は差し上げたくないのです。

Não é certo que ela venha hoje.
彼女が今日来ることは確かではありません。

Não é certo que ele consiga.
彼ができるかどうかは確かではない。

注 "parece que"［〜のように見える、思われる］を使った文章の場合は、注意を要します。肯定文には《直説法》を用いますが、否定文では《接続法》になります。

［肯定］　Parece que ele sabe muito.
　　　　　彼は非常によく知っているように思える。

［否定］　Não parece que ele saiba muito.
　　　　　彼が非常によく知っているとは思えない。

［肯定］　Parece que o rapaz estuda muito.
　　　　　その少年はよく勉強するように見える。

［否定］　Não parece que o rapaz estude muito.
　　　　　その少年がよく勉強するようには見えない。

動詞および非人称表現の法　→肯定文では《直説法》
　　　　　　　　　　　　　→否定文では《接続法》

［肯定］　Creio que ela sabe.
　　　　　彼女は知っていると僕は思います。

［否定］　Não creio que ela saiba.
　　　　　彼女が知っているとは僕は思いません。

［肯定］　Está demonstrado que ele plagiou o trabalho.
　　　　　彼がその作品を盗作したことは証明されています。

［否定］　Não está demonstrado que ele tenha plagiado o trabalho.
　　　　　彼がその作品を盗作したことは証明されていません。

［肯定］　Está provado que o chá verde é bom para a saúde.
　　　　　緑茶が健康にいいことは証明されている。

［否定］　Não está provado que o chá verde seja bom para a saúde.
　　　　　緑茶が健康にいいことは証明されていない。

> 規範文法とは異なる《直説法》と《接続法》の使用法
> 　話し言葉のみならず書き言葉における疑問文では、《直説法》にすべきか《接続法》すべきかは曖昧なところがあります。規範文法に従えば、本来《接続法》の動詞がくるところに《直説法》の動詞が用いられる場合もあります。それには様々な要因が考えられます。

ここでは、同じような意味を持つ動詞を用いながら、《接続法》を使っている例文と《直説法》を使っている例文を見てみましょう。

Vocês não acham que teríamos melhor nota se nos esforçássemos mais?
　もし僕たちがもっと努力したら、いい点数を取れるだろうと、君たちは思いませんか？

Tu não achas, como eu, que o André esteja trabalhando pouco?
　アンドレーがあまり働いていないと君も（僕のように）思いませんか？

Não sabia, quando fiz a inscrição, que este curso seria tão difícil.
　申し込んだときには、僕はこのコースがそんなに難しいとは知りませんでした。

Não vês que isso está errado?
　それが間違っていることが君には分かりませんか？

Não penses que eu não sei.
　僕が知らないと（君は）思わないで。

Não creias que ele seja inocente.
　彼が無実であると君は思わないで。

Não digas eu o enganei.
　僕が彼を騙したと（君は）言わないでくれ。

Não duvidem que nós conseguiremos.
　私たちが達成できるであろうことを彼らは疑っていない。

Capítulo 2　接続法の一般的用法

> 　ところで、《直説法》と《接続法》の２つの構文が可能な動詞があります。つまり、下に示したそれぞれの例のように《接続法》を用いる場合と、《不定詞》のかたちをとる場合です。口語体では《不定詞》を用いる頻度が高くなっています。

Eu te aconselho que estudes mais.
Eu te aconselho estudar mais.
> 私は君にもっと勉強するように助言します。

Não me permitem que saia mais cedo do trabalho.
Não me permitem sair mais cedo do trabalho.
> 彼らは僕が仕事から早退することを認めない。

これは、《接続法》が存在しない英語のような言語でも見られます。

［英］　I ordered them to study.
［ポ］　Eu os mandei estudar. (Eu os mandei que estudassem.)
> 僕は彼らに勉強することを命じた。

［英］　They allow me to finish earlier.
［ポ］　Eles me permitem acabar mais cedo.
　　　　(Eles me permitem que acabe mais cedo.)
> 彼らは僕がもっと早く終わることを認めています。

Espero que acabem o relatório.
> 彼らが報告書を書き終えることを、私は期待しています。

> 　上記の最後の例文では、《不定詞》を使った文の組み立てはできません。なぜなら、動詞 esperar は間接補語を認めないからです。上記の文を英語に置き換えると、I hope that they will finish the report. となるでしょう。

そうした例を、さらに、いくつか挙げてみます。

Não os vejo fazer nada. [= que façam nada.]
> 私は彼らが何かをするところを見ていません。

Não o ouço falar. [=que fale.]
> 彼が話すのを私は聞きません。

> こうした知覚動詞は、否定形の時にのみ《接続法》になります。
> ところで、pedir とその同義語である dizer のように、間接補語を認めながら《接続法》の構文のみしか成立しない動詞もあります。

Eu lhes imploro que me escutem.
> 僕は彼らに［僕の言うことを］聞いてほしいと切に願っています。

Eles me dizem que trabalhe mais.
> 彼らは僕にもっと働くように言います。

Eu te suplico que me digas a verdade.
> 本当のことを僕に言ってくれるように、君にお願いします。

CAPÍTULO 3 | # 接続法現在
O presente do subjuntivo

❶ 接続法現在形の作り方

規則動詞の《接続法現在》の活用は以下のようになります。

> 直説法・現在一人称単数の語尾 o を
> [-ar 動詞] の場合→ -e, -es, -e, -emos, -eis, em にする。

例 falar（話す）　　　Eu falo - (o) = fal + ___

Que eu	fal + **e**	=	fal**e**
Que tu	fal + **es**	=	fal**es**
Que ele, ela, você	fal + **e**	=	fal**e**
Que nós	fal + **emos**	=	fal**emos**
Que vós	fal + **eis**	=	fal**eis**
Que eles, elas, vocês	fal + **em**	=	fal**em**

> [-er, ir 動詞] の場合→ -a, -as, -a, -amos, -ais, -am にする。

頻出動詞を使って実際に活用させたものを表で示します。

例 beber（飲む）　　　Eu bebo - (o) = beb + ___

Que eu	beb + **a**	=	beb**a**
Que tu	beb + **as**	=	beb**as**
Que ele, ela, você	beb + **a**	=	beb**a**
Que nós	beb + **amos**	=	beb**amos**
Que vós	beb + **ais**	=	beb**ais**
Que eles, elas, vocês	beb + **am**	=	beb**am**

例 partir（出発する）　　　Eu parto - (o) = part + ___

Que eu	part + **a**	=	part**a**
Que tu	part + **as**	=	part**as**
Que ele, ela, você	part + **a**	=	part**a**
Que nós	part + **amos**	=	part**amos**
Que vós	part + **ais**	=	part**ais**
Que eles, elas, vocês	part + **am**	=	part**am**

Espero que você fale mais devagar da próxima vez.
　　今度は君がもっとゆっくり話すことを、僕は期待しています。

É melhor que não bebam em demasia para que não passem mal.
　　気分が悪くならないために、彼らは過度に飲まない方がいい。

Seria bom que partíssemos logo para chegarmos a tempo.
　　時間内に到着するためには、すぐに私たちは出発した方がいいでしょう。

❷ 接続法にする際につづり字の変化を受ける動詞群

元の音を維持するためにつづり字を変える必要のある、いわゆるつづり字の変化を受ける動詞［-car, -çar, -cer, -gar, -ger, -gir, -guer, -guir］があります。以下の動詞の例で《接続法現在》の活用を習熟しましょう。

例 ficar（ある・いる）　　　Eu fico - (o) = fic + ___ → fiqu + ___

Que eu	fiqu + **e**	=	fiqu**e**
Que tu	fiqu + **es**	=	fiqu**es**
Que ele, ela, você	fiqu + **e**	=	fiqu**e**
Que nós	fiqu + **emos**	=	fiqu**emos**
Que vós	fiqu + **eis**	=	fiqu**eis**
Que eles, elas, vocês	fiqu + **em**	=	fiqu**em**

例 começar（始める） Eu começo - (o) = começ + ___ → comec + ___

Que eu	comec + **e**	= come**ce**
Que tu	comec + **es**	= come**ces**
Que ele, ela, você	comec + **e**	= come**ce**
Que nós	comec + **emos**	= come**cemos**
Que vós	comec + **eis**	= come**ceis**
Que eles, elas, vocês	comec + **em**	= come**cem**

例 conhecer（知る） Eu conheço - (o) = conheç + ___

Que eu	conheç + **a**	= conhe**ça**
Que tu	conheç + **as**	= conhe**ças**
Que ele, ela, você	conheç + **a**	= conhe**ça**
Que nós	conheç + **amos**	= conhe**çamos**
Que vós	conheç + **ais**	= conhe**çais**
Que eles, elas, vocês	conheç + **am**	= conhe**çam**

例 negar（否定する） Eu nego - (o) = neg + ___ → negu + ___

Que eu	negu + **e**	= negu**e**
Que tu	negu + **es**	= negu**es**
Que ele, ela, você	negu + **e**	= negu**e**
Que nós	negu + **emos**	= negu**emos**
Que vós	negu + **eis**	= negu**eis**
Que eles, elas, vocês	negu + **em**	= negu**em**

例 eleger（選ぶ） Eu elejo - (o) = elej + ___

Que eu	elej + **a**	= elej**a**
Que tu	elej + **as**	= elej**as**
Que ele, ela, você	elej + **a**	= elej**a**
Que nós	elej + **amos**	= elej**amos**
Que vós	elej + **ais**	= elej**ais**
Que eles, elas, vocês	elej + **am**	= elej**am**

例 tingir（染める）　　Eu tinjo - (o) = tinj + ___

Que eu	tinj + **a**	=	tinj**a**
Que tu	tinj + **as**	=	tinj**as**
Que ele, ela, você	tinj + **a**	=	tinj**a**
Que nós	tinj + **amos**	=	tinj**amos**
Que vós	tinj + **ais**	=	tinj**ais**
Que eles, elas, vocês	tinj + **am**	=	tinj**am**

例 erguer（上げる）　　Eu ergo - (o) = erg + ___

Que eu	erg + **a**	=	erg**a**
Que tu	erg + **as**	=	erg**as**
Que ele, ela, você	erg + **a**	=	erg**a**
Que nós	erg + **amos**	=	erg**amos**
Que vós	erg + **ais**	=	erg**ais**
Que eles, elas, vocês	erg + **am**	=	erg**am**

例 extinguir（消す）　　Eu extingo - (o) = exting + ___

Que eu	exting + **a**	=	exting**a**
Que tu	exting + **as**	=	exting**as**
Que ele, ela, você	exting + **a**	=	exting**a**
Que nós	exting + **amos**	=	exting**amos**
Que vós	exting + **ais**	=	exting**ais**
Que eles, elas, vocês	exting + **am**	=	exting**am**

＊ 語尾の活用は規則的であるにもかかわらず、語幹の終わりの音節にある母音を変える必要のある語幹母音変化の不規則動詞があります。次頁にその例を示します。

例 dormir（寝る）   Eu durmo - (o) = durm + ___

Que eu	durm + **a**	=	durm**a**
Que tu	durm + **as**	=	durm**as**
Que ele, ela, você	durm + **a**	=	durm**a**
Que nós	durm + **amos**	=	durm**amos**
Que vós	durm + **ais**	=	durm**ais**
Que eles, elas, vocês	durm + **am**	=	durm**am**

例 cear（夜食をする）   Eu ceio - (o) = cei + ___

Que eu	cei + **e**	=	cei**e**
Que tu	cei + **es**	=	cei**es**
Que ele, ela, você	cei + **e**	=	cei**e**
Que nós	cei + **emos**	=	cei**emos**
Que vós	cei + **eis**	=	cei**eis**
Que eles, elas, vocês	cei + **em**	=	cei**em**

例 odiar（憎む）   Eu odeio - (o) = odei + ___

Que eu	odei + **e**	=	odei**e**
Que tu	odei + **es**	=	odei**es**
Que ele, ela, você	odei + **e**	=	odei**e**
Que nós	odei + **emos**	=	odei**emos**
Que vós	odei + **eis**	=	odei**eis**
Que eles, elas, vocês	odei + **em**	=	odei**em**

例 servir（供する）   Eu sirvo - (o) = sirv + ___

Que eu	sirv + **a**	=	sirv**a**
Que tu	sirv + **as**	=	sirv**as**
Que ele, ela, você	sirv + **a**	=	sirv**a**
Que nós	sirv + **amos**	=	sirv**amos**
Que vós	sirv + **ais**	=	sirv**ais**
Que eles, elas, vocês	sirv + **am**	=	sirv**am**

* さらに、例外的に特殊な《接続法現在》の形をとる7つの動詞があります。いずれも頻出動詞ですので例文で、しっかり覚えましょう。

	ser（である）	estar（いる・ある）
Que eu	seja	esteja
Que tu	sejas	estejas
Que ele, ela, você	seja	esteja
Que nós	sejamos	estejamos
Que vós	sejais	estejais
Que eles, elas, vocês	sejam	estejam

	querer（欲しがる）	haver（存在する・ある）
Que eu	queira	haja
Que tu	queiras	hajas
Que ele, ela, você	queira	haja
Que nós	queiramos	hajamos
Que vós	queirais	hajais
Que eles, elas, vocês	queiram	hajam

	saber（知る）	dar（与える）	ir（行く）
Que eu	saiba	dê	vá
Que tu	saibas	dês	vás
Que ele, ela, você	saiba	dê	vá
Que nós	saibamos	demos	vamos
Que vós	saibais	deis	vades
Que eles, elas, vocês	saibam	deem	vão

　《接続法》は、後で説明する「主節または独立文の場合」と同じく、従（属）節の名詞節［名詞の機能］、形容詞節［形容詞の機能］および副詞節［副詞の機能］において用いられます。次の項以降で、それぞれ具体的に見ていきましょう。

《動詞＋（補語）＋ que（従節＊）》の形で、下記の非人称の述語動詞がある場合、主観的な価値・判断の表現になるので、従節動詞には多くの場合、《接続法》が使われます。

＊従節は動詞の主語に当たります。

従節動詞 =　　bastar　　　　　　　　　（十分である）
　　　　　　　convir　　　　　　　　　（都合がいい）
　　　　　　　importar　　　　　　　　（重要である）
　　　　　　　poder ser　　　　　　　　（〜かもしれない）
　　　　　　　ser difícil　　　　　　　　（難しい）
　　　　　　　ser duvidoso　　　　　　（疑わしい）
　　　　　　　ser fácil　　　　　　　　（易しい）
　　　　　　　ser importante　　　　　（重要である）
　　　　　　　ser incerto　　　　　　　（不確かである）
　　　　　　　ser uma lástima　　　　　（残念である）
　　　　　　　ser lógico　　　　　　　　（当たり前である・当然である）
　　　　　　　ser melhor　　　　　　　（より良い・より優れている）
　　　　　　　ser natural　　　　　　　（当然である）
　　　　　　　ser [des] necessário　　　（[不]必要である）
　　　　　　　ser [im] possível　　　　　（[不]可能である）
　　　　　　　ser preciso　　　　　　　（必要である）
　　　　　　　ser [im] provável　　　　（あり得る［あり得ない］）
　　　　　　　ser uma vergonha　　　　（恥である）
　　　　　　　etc...

Bastar 十分である

Basta que acabes o relatório para sair do emprego hoje.
今日、君が仕事場から出るためには、報告書を終わらせるだけで十分だ。

Bastou que o Corinthians marcasse um gol para ganhar o jogo.
試合に勝つのには、コリンチャンスがゴールを決めるだけで十分だった。

Bastava que ele conseguisse acertar mais uma resposta para concluir as palavras cruzadas.
<small>クロスワードパズルを完成させるのには、彼がもう一つ解答できるのみで十分であった。</small>

Convir 都合がいい

Convém que uma tese de licenciatura tenha uma bibliografia adequada.
<small>リセンシアトゥーラ［学士と博士の中間の学位］の論文には、ふさわしい参考文献があれば都合がいい。</small>

Convém que todos os países façam um esforço para conseguir a paz na região.
<small>すべての国が、その地域において平和を達成するために努力するのがいい。</small>

Não **convém que** se fale nesse caso.
<small>その件について語られるのはよくない。</small>

Importar 重要である

Não **importa que** você queira ir ou não, pois foi o chefe que mandou.
<small>君が行こうと行くまいと、どうでもいい。命じたのは上司だったので。</small>

Importa-se que entre?
<small>入っても構いませんか？</small>

Você não deve abandonar seus sonhos, não **importa o que** os outros digam.
<small>君は自分の夢を諦めるべきではありません。他の人たちが言うことはどうでもいい。</small>

Poder ser ～かもしれない

Pode ser que me tenham o concendido o prêmio.
<small>彼らが私にその賞を贈るかもしれない。</small>

Pode ser que consiga acabar o relatório até amanhã.
<small>明日までに報告書を終えることができるかもしれません。</small>

Pode ser que amanhã não chova.
明日は雨は降らないかもしれない。

Ser difícil 難しい

É difícil que eu consiga sair mais cedo do emprego amanhã.
明日、僕が仕事場からもっと早く出るのは難しい。

Se estudar muito, não **é difícil que** ele consiga falar bem português.
もし一生懸命に勉強すれば、彼がポルトガル語をうまく話すのは困難ではない。

É difícil que ele faça o trabalho todo dentro do prazo.
彼がすべての仕事を期間内に仕上げるのは困難だ。

Ser duvidoso 疑わしい

É duvidoso que o tempo continue assim durante todo o mês.
1か月間ずっと天候があんなふうに続くかは疑わしい。

É duvidoso que você saiba as respostas a todas as perguntas do teste.
君がテストのすべての質問に対して解答できるかは疑わしい。

É duvidoso que José consiga fazer isso.
ジョゼーがそれができるかは疑わしい。

Ser fácil 容易である、易しい

Não **é fácil que** Marco consiga fazer dieta.
マルコがダイエットを達成するのは容易ではない。

Não deve **ser fácil que** os alunos entendam esta matéria.
生徒たちがこの教科を理解するのは容易ではないに違いない。

Não **é fácil que** ela accite ir com ele no cinema.
彼女が、彼と映画に行くことを受け入れるのは容易ではない。

Ser importante　重要である

É importante que você esteja aqui na hora combinada.
約束した時間にここに君がいることが重要だ。

É importante que o averiguemos.
われわれがそれを調べることが重要です。

Foi importante que Einstein tivesse elaborado a Teoria da Relatividade para termos os atuais sistemas de GPS.
アインシュタインが相対性理論を編み出したということは、今日私たちがGPSシステムを持つために重要なことだった。

Ser incerto　不確かである

É incerto que o novo Governo consiga cumprir o seu manifesto eleitoral.
新しい政権が選挙の公約を果たすことができるかどうかは、確かではありません。

É incerto que os analistas econômicos acertem nas previsões da bolsa.
経済アナリストが証券取引所に関する予想を的中させるかどうかは、確かではありません。

É incerto que eu tenha a resposta adequada.
僕が適切な解答を有しているかどうかは確かではありません。

> **注**　上記の例とは異なり、明白な事実の確認をする意味の "ocorrer que", "sucede que", "acontece que" や、"é certo que", "é verdade que", "é evidente que" や、これらの同義の "certamente que", "sem dúvida que", "está claro que", "é visto que", "está demonstrado que", "é que" が補語を伴って主節に来る時は、従節の動詞には《直説法》がきます。

Sem dúvida que faz frio.
寒いのは疑いありません。

É verdade que falas demasiado.
君が話し過ぎるのは本当のことです。

É evidente que ele não tem um centavo.
　彼が1センターヴォも持っていないのは明らかです。

Está demonstrado que ele dirige mal.
　彼が運転が下手なのは明らかです。

Certamente que nevará um desses dias.
　この数日のうちに雪が降るのは確かです。

Sucede que ele ainda está de cama.
　実は、彼はまだ病床に臥しています。

Acontece que não poderia assistir.
　実のところあなたは参加できないでしょう。

É que não posso fazê-lo.
　実は、私はそれをすることが出来ません。

　注 主節動詞が否定文の場合→従節動詞は《接続法》

Não é que não possa fazê-lo, é que não quero.
　それをすることが出来ないのではありません。［するのが］私は嫌いなのです。

Não é certo que meu primo venha.
　僕の従弟が来るか定かではない。

　注 "parece que"［〜のように見える、思われる］を使った文章の場合、
　　肯定文では《直説法》
　　否定文では《接続法》になります。

Parece que a cantora ganha muito.
　その女性歌手はたくさん稼ぐように思われます。

　↔ **Não parece que** a cantora ganhe muito.
　　その女性歌手がたくさん稼ぐとは思われません。

Ser uma lástima　残念である、気の毒である

É uma lástima que a taxa de desemprego seja tão elevada.
　失業率がこんなに高いのは残念です。

É uma lástima que ele não tenha senso de humor.
彼にユーモアの感覚がないのは残念です。

Seria uma lástima que o Carlos perdesse o trabalho.
カルロスが仕事を失うことになれば気の毒でしょう。

Ser lógico　当然である、論理にかなっている

É lógico que faça calor.
熱いのは当然のことです。

É lógico que o Manuel tente impressionar a namorada.
マヌエルが恋人によい印象を与えようと試みるのはもっともなことです。

Seria lógico que você se dedicasse mais ao trabalho.
君がもっと仕事に専念するのは筋の通ったことだろう。

Ser melhor　より良い

É melhor que o digas.
君はそれを言った方がいい。

É melhor que te cales.
君は黙った方がいい。

É melhor que estudes mais para o teste da próxima semana.
来週のテストのために、君はもっと勉強した方がいい。

Ser natural　当然である、もっともである

É natural que tenha ocorrido.
起きたことには必然性がある。

Ele não estudou nada, por isso **é natural que** tenha reprovado.
彼は全く勉強しなかった。だから、不合格になったのも当然だ。

É natural que haja mais trânsito em dias de chuva.
雨の日は、交通がより混むのは当然です。

Ser necessário 必要である

É necessário que descanses.
君は休む必要があります。

Devido aos ventos fortes, **foi necessário que** o piloto fizesse uma aterrisagem de emergência.
強風のために、パイロットは緊急着陸をする必要があった。

É necessário que ele faça a reserva com muita antecedência.
彼はずいぶん前から予約する必要があります。

Ser desnecessário 必要でない

É desnecessário que escrevas tudo outra vez.
君がすべてをもう一度書く必要はありません。

É desnecessário que você tome suplementos vitamínicos, se fizer uma alimentação equilibrada.
もし君がバランスのとれた食事をしていれば、ビタミンのサプリメントを服用する必要はない。

É desnecessário que meu pai me ofereça um celular tão caro.
父さんが僕にそんなに高い携帯電話をくれる必要はありません。

Ser possível 可能である、あり得る、考えられる

É possível que o ladrão já esteja no estrangeiro.
泥棒がすでに外国にいるというのはあり得る。

É possível que compre uma casa no Rio de Janeiro.
リオ・デ・ジャネイロに一軒家を買うことは可能である。

A partir dos 40 anos, **é possível que** tenha alguma dificuldade em ver de perto.
四十歳を過ぎると、近くのものが見えにくくなることはあり得る。

Ser impossível　不可能である、起こりえない

Nesta hora **é impossível que** Sho esteja em casa.
　この時間に翔が家にいることはあり得ない。

É impossível que aquele atleta consiga a medalha de ouro.
　あの選手が金メダルを取るのは不可能だ。

Ainda que as probabilidades sejam muito pequenas, não **é impossível que** eu ganhe na loteria.
　たとえ可能性はあまりないにしても、僕が宝くじを当てるのはあり得ないことではない。

Ser preciso　必要である

É preciso que eu goste dela.
　僕は彼女を好きになる必要があります。

É preciso que vendamos a casa, para podermos pagar a dívida.
　私たちは、借金が払えるようにその家を売る必要があります。

É preciso que você consiga passar no exame de certificação para conseguir o emprego que deseja.
　望んでいる仕事に就くために、君は検定試験にパスする必要がある。

Ser provável　あり得る、公算が高い、可能性が高い

É provável que chova.
　おそらく雨が降る［可能性が高い］。

É provável que o Antônio queira ir para a praia, no próximo fim-de-semana.
　アントーニオが今度の週末、海辺に行きたがっているのはあり得る話だ。

É provável que ele se esqueça de me devolver os livros que eu emprestei.
　彼が、［僕が］貸した本を僕に返すのを忘れることはあり得る。

Ser improvável　あり得ない、確かでない

É improvável que acabe o curso este ano.
今年課程を修了することはあり得ない。

É improvável que ganhe na loteria.
宝くじを当てることはあり得ない。

É improvável que ele resolva o problema.
彼が問題を解決するなどあり得ない。

Ser uma vergonha　恥である、恥ずべきことである

É uma vergonha que você não estude para os testes.
試験に向けて君が勉強しないのは恥ずかしいことです。

É uma vergonha que haja políticos desonestos.
不誠実な政治家たちがいるのは恥ずべきことです。

É uma vergonha que tantas pessoas passem fome no mundo.
世界に沢山の人が飢えているのは恥ずべきことです。

❸ 名詞節の接続法

対話 1 接続法現在を用いた会話文を読んでみましょう。

Mãe: Filha, eu **quero que** você vá até o supermercado e compre 2 quilos de feijão, 1 quilo de chouriço e algumas verduras **para que** eu possa fazer uma feijoada. Eu **quero que** você prove a verdadeiro sabor brasileiro.

Filha: Eu vou, mas eu **quero que** você me ensine a fazer feijoada também.

Mãe: Está bem, eu ensino. Eu **espero que** um dia você seja uma ótima cozinheira.

Filha: Espero que sim, mas **receio que** eu não consiga ser tão boa quanto a senhora e que as pessoas não gostem da minha feijoada.

Mãe: Não se preocupe. Tenho certeza de que um dia todos gostarão da sua feijoada.

Filha: **Tomara que** um dia isso aconteça mesmo.

対話 1

母：ねぇ（娘）、私がフェイジョアーダを作れるように、あなたに市場に行って、豆を2キロ、ソーセージ1キロ、それに野菜をいくつか買ってきてほしいんだけど。あなたに本当のブラジルの味を試してほしいの。

娘：行って来るわよ。でも、フェイジョアーダの作り方も私に教えてほしいわ。

母：分かった。教えますとも。あなたがいつの日か、素晴らしい料理上手になることを期待しているわ。

> 娘：そうね。でも、私がお母さんのようにいい料理上手になれず、みんなが私のフェイジョアーダを気に入ってくれないことを恐れているの。
> 母：心配しないでいいよ。きっといつの日か、みんながあなたのフェイジョアーダを好きになってくれるでしょうよ。
> 娘：いつの日か、そう願いたいわ。（＝そのことが起きることを願っているの）

《名詞》＝文中で主語、目的語、補語の機能を果たすもの
《名詞節》＝文中で従（属）節が名詞と同じ役割を持っているとき

> 《主語＋動詞＋que（従［属］節＊）》の形で、下の例文のように意志の意味を持つ述語動詞がある場合には、従属節の動詞には《接続法》が用いられます。
> 　しかし「～することを望む」「～したがる」のが主節の主語本人である時は、《不定詞》になります。
> 　　例　Rosa quer passear comigo.　ローザは僕と散歩をしたがっている。
> ＊従節は動詞の目的語に当たります。

a) 希望・期待・願望・要望・要請 ＝ **desejar**
　　　　　　　　　　　　　　　　　esperar
　　　　　　　　　　　　　　　　　pedir
　　　　　　　　　　　　　　　　　preferir
　　　　　　　　　　　　　　　　　querer
　　　　　　　　　　　　　　　　　rogar
　　　　　　　　　　　　　　　　　suplicar
　　　　　　　　　　　　　　　　　etc...

Desejar 望む

Desejamos que vocês estudem bem esta lição.
　君たちがこの課をよく勉強することを、私たちは望んでいます。

Desejo, do coração, **que** minha ex-namorada seja sempre muito feliz.
　前の彼女が常にとても幸せであることを、僕は心から望んでいます。

Desejo que esteja bem.
あなたが元気でいることを望んでいます。

Esperar 期待する

Espero que vás o quanto antes.★
できるだけ早く君が行くことを、僕は期待しています。

　　★o quanto antes = o mais cedo possível = できるだけ早く

Esperamos que ninguém tumultue nossa reunião.
誰も私たちの集会をかき乱さないことを期待しています。

Espero que você cumpra suas obrigações.
君が自分の義務を果たすのを、私は期待しています。

Pedir 要請する

Peço que vocês comprem o meu livro.
君たちが、僕の本を買ってくれるようお願いします（僕の本を買ってください）。

A Maria **pediu que** o marido comprasse leite quando voltasse para casa.
マリアは、家に戻ってくる途中で牛乳を買うように夫に頼んだ。

A menina **pediu** à mãe **que** lhe comprasse um presente.
女の子はプレゼントを買ってくれるように母親に頼んだ。

Preferir 望む・期待する

Prefiro que o senhor fique aqui mais um pouco.
あなたにここにもう少しいてほしいと思います。

Preferiria que estudasses mais, em vez de sair com os amigos.
友人たちと外出する代わりに、君はもっと勉強する方がいいでしょう。

Ele **prefere que** você venha mais cedo.
君がもっと早く来ることを彼は望んでいる。

Capítulo 3 接続法現在

Querer 望む・欲する

Tenho de trabalhar até mais tarde, mas não **quero que** minha família espere por mim para jantar.
<small>私はもっと遅くまで働かねばなりませんが、私の家族には夕食のために待ってほしくない。</small>

O professor **quer que** os alunos façam sempre os deveres de casa.
<small>先生は、生徒たちがいつも宿題をすることを望んでいる。</small>

O pai não **quer que** suas crianças sejam mimadas.
<small>父親は自分の子供が甘やかされるのを望んでいない。</small>

Rogar 懇願する

[**Rogo**] **Que** Deus nos abençoe.
<small>われわれに対する神のご加護を私は祈っています。</small>

Rogo que me faça esse favor.
<small>どうか私の願いごとを聞き入れてくださいますように。</small>

José **rogou que** o funcionário se dignasse a atender o seu pedido.
<small>ジョゼーはその職員が彼の要請に応えてくださるように懇願した。</small>

Suplicar 嘆願する

Suplicamos que a prefeitura aceite a nossa proposta.
<small>市役所が私たちの提案を受け入れるよう私たちは懇願します。</small>

O menino **suplicou que** o pai não o castigasse.
<small>男の子はお父さんが自分を懲らしめないように頼み込んだ。</small>

O candidato **suplicou que** votassem nele.
<small>候補者は自分に票を投じてくれるように嘆願した。</small>

b) 要求 = dizer
   exigir
   etc...

Dizer 言う（勧める）

Diga ao José **que** me telefone amanhã.
明日僕に電話するようにジョゼーに言ってください。

O diretor me **disse que** fizesse o relatório durante esta semana.
重役は今週中に報告書を作るように僕に求めた。

Digo que estude, pois ainda pode entrar no curso.
君に勉強するように言います。なぜなら、まだコースに入れる可能性がありますから。

Exigir 求める

O professor **exige que** os alunos nunca cheguem atrasados na aula.
先生は生徒たちが決して授業に遅れないように求める。

Exijo que o senhor faça o seu trabalho.
あなたが自分の仕事をすることを私は要求します。

O treinador **exigiu que** os jogadores se esforçassem mais.
監督は選手たちがもっと努力するように要求した。

c) 助言・勧告 = aconselhar, etc...

Aconselhar 助言する

Aconselho que façam a revisão da aula todas as semanas.
毎週、授業の復習をするように私は助言します。

Os médicos **aconselham que** as crianças tomem muito cálcio.
子供たちがカルシウムをたくさん摂るように、医者たちは勧めます。

O economista **aconselhou que** as pessoas investissem em moeda estrangeira.
<small>エコノミストは、人々［みんな］が外貨に投資するように助言した。</small>

d) 命令 ＝ mandar
　　　　　ordenar
　　　　　etc...

＊ 主節に間接目的格代名詞のある命令を表す文は、禁止、許可・容認、助言・忠告、と同様に《不定詞》を用いることもできます。

João nos **manda que** limpemos o carro.
＝ João nos **manda** limpar o carro.
<small>ジョアンは私たちに車を洗うことを命じる。</small>

Mandar 命じる

O médico **mandou que** eu tomasse o antibiótico durante uma semana.
<small>一週間の間、医者は僕に抗生物質を飲むように命じた。</small>

A mãe **mandou que** a filha arrumasse o quarto.
<small>母親は娘に部屋を片付けるように命じた。</small>

O engenheiro **mandou que** os operários reforçassem o muro com mais cimento.
<small>技師は、工員たちに壁をもっとセメントで強化するように命じた。</small>

Ordenar 命令する

O policial **ordenou que** eu mostrasse minha identidade.
<small>警察官は僕に身分証明書を見せるように命じた。</small>

O sargento **ordenou que** os soldados corressem durante uma hora.
<small>軍曹は兵士たちに一時間走るように命じた。</small>

O inspetor **ordenou que** lhe entregassem os documentos.
検査官は彼らに書類を自分に渡すように命じた。

e) 許可・容認 ＝ **deixar**
　　　　　　　　permitir
　　　　　　　　etc...

Deixar 許す・認める

O professor **deixou que** os alunos saíssem mais cedo da aula.
先生は生徒たちが教室からもっと早く退出するのを認めた。

O goleiro **deixou que** a bola entrasse na baliza.
ゴールキーパーは、ゴールにボールが入るのを許した［認めた］。

Eu não **deixo que** você fique com o livro que eu emprestei.
僕は、［僕が］貸した本を君が手元に置いているのを認めません。

Os meus pais não **deixam que** eu veja um filme tão violento.
両親は僕がとても過激な映画を見るのを許さない。

Permitir 許可する

Não **permito que** você minta para mim.
僕は、君が僕に嘘をつくのを許さない。

O pai não **permite que** os filhos saiam à noite.
父親は子供たちが夜間に外出するのを認めない。

O motorista não **permite que** os passageiros do táxi viajem sem cinto de segurança.
運転手は、タクシーの乗客が安全ベルトなしに旅するのを許しません。

f) 禁止 = **proibir,** etc...

> **Proibir** 禁じる

Ela **proibiu que** o marido fumasse em casa.
夫が家でタバコを吸うのを彼女は禁じた。

O professor **proibiu que** os alunos usassem o celular na sala de aula.
先生は、生徒たちが授業中に携帯電話を使うことを禁じた。

A mãe **proibiu que** a filha visse televisão sem acabar os deveres de casa.
母親は娘が宿題を終えずにテレビを観ることを禁じた。

g) 同意・容認 = consentir
etc...

> **Consentir** 同意する

O policial **consentiu que** ele estacionasse o carro num local proibido.
警官は、彼が禁止された場所に（車を）駐車するのを認めた。

A Mônica **consentiu que** o namorado fosse estudar em uma universidade em outra cidade.
モニカは、恋人が他の都市の大学に勉強をしに行くことに同意した。

A professora **consentiu que** alguns alunos não reprovassem.
先生は幾人かの生徒が不合格にならないことに同意した。

h) 感情を表現 = recear
　　　　　　　　sentir
　　　　　　　　temer
　　　　　　　　etc…

＊ 上記の一連の動詞が主観的、感情的に述べる場合 → 従属節の動詞は《接続法》
　 主節と従属節の主語が同じ場合　　　　　　　　→ 《不定詞》

Muito me alegro de a **ver**.
僕は彼女に会えてとても嬉しい。

Recear 恐れる

A professora **receou que** eu desistisse de estudar.
先生は、僕が勉強を断念することを恐れた。

O juíz **receou que** o suspeito fosse inocente e não o pôde condenar.
裁判官は、被疑者が無罪であることを恐れて、彼に有罪の判決を下すことができなかった。

O aluno **receou que** o teste fosse mais difícil do que os exercícios que treinou na aula.
生徒は、授業で練習した問題よりもテストがもっと難しいことを恐れた。

Os agricultores **recearam que** não fosse chover este ano.
農民たちは、今年は雨が降らないことを危惧した。

Minha namorada **receou que** eu não a amasse.
僕の恋人は、僕が彼女を愛していないことを恐れた。

Sentir 感じる・思う

Depois de ganhar o concurso, a modelo **sentiu que** fosse desmaiar.
コンクールで勝った後、そのモデルは自分が失神したように感じた。

Ao chegar na prisão, o prisioneiro **sentiu que** fosse ser torturado.
刑務所に着くと、その囚人は自分が虐待されると思った。

O ator **sentiu que** fosse ganhar o prêmio, mas não ganhou.
俳優は賞を勝ち取ったと思ったが、受賞しなかった。

Temer 恐れる

Quando perdeu a carteira, Maria **temeu que** alguém ficasse com seu dinheiro.
財布を落とした時に、マリアは誰かが彼女のお金を身につけていることを恐れた。

As crianças **temem que** apareçam fantasmas à noite.
子供たちは夜にお化けが出るのを恐れている。

Temo que o centroavante não consiga marcar gol.
僕は、センターフォワードがゴールできないことを恐れています。

Os trabalhadorers **temeram que** fossem ser despedidos.
労働者たちは解雇されるのを恐れていた。

Os investidores **temem que** a crise possa piorar.
投資家たちは危機がさらに悪化するのを恐れている。

i) 疑惑・疑念・否認 = duvidar → 従属節の動詞は《接続法》
　　　　　　　　　　　negar
　　　　　　　　　　　etc...

Duvidar　疑う

Duvidávamos que ele fizesse a viagem pela Amazônia.
彼がアマゾン旅行をしたことを私たちは疑っていました。

O professor **duvidou que** ele conseguisse ter boa nota no teste.
先生は彼がテストでいい点数をとれたことを疑った。

Não **duvido que** sejas capaz de resolver este problema.
君がこの問題を解決できることを私は疑っていない。

Negar　否定する・打ち消す

O menino **negou que** tivesse comido a bolacha da irmã.
その男の子は、妹のクラッカーを食べたことを否定した。

O técnico **negou que** houvesse um problema com o computador.
その技術者は、コンピュータにトラブルがあることを否定した。

O João não **negou que** tivesse copiado do colega durante a prova.
ジョアンは、試験中、友達の解答を書き写したことを否定しなかった。

j) 仮定・想定・推測 = supor

> **Supor** 想定する

Supões que sejam eles os bandidos?
彼らが強盗だと君は思いますか？

Suponho que seja você quem vai me ajudar.
僕を手助けしてくれるのは君であると思う。

Ele **supôs que** a tradução estivesse certa.
翻訳は正確であったと彼は思った。

k) 右の動詞の否定・疑問文 =　　achar　　→ 従属節の動詞は《接続法》
　　　　　　　　　　　　　　　crer　　　*肯定の時は《直説法》
　　　　　　　　　　　　　　　julgar
　　　　　　　　　　　　　　　pensar
　　　　　　　　　　　　　　　saber
　　　　　　　　　　　　　　　etc...

> **Achar** 思う

Não **acho que** tenha sido um filme interessante.
面白い映画であったとは私は思いません。

Ele não **achou que** amanhã fosse fazer bom tempo.
明日がいい天気であるとは彼は思わなかった。

Eu não **achei que** você conseguisse acabar o trabalho mais cedo.
君がもっと早くその仕事を終わることができるとは、僕は思わなかった。

Crer 信じる

Ninguém **crê que** os senhores sejam tão irresponsáveis.
あなたたちがそんなに無責任であるとは誰も信じていません。

Não **creio que** seja difícil conseguir esta bolsa de estudos.
この奨学金を獲得するのが難しいとは僕は思いません。

Não **creio que** a resposta esteja certa.
解答が正確であるとは私は思いません。

Julgar 判断する・思う

Não **julgo que** seja necessário rever o texto outra vez.
テキストをもう一度見直す必要があるとは僕は思いません。

Ele não **julgou que** o amigo tivesse tomado a decisão certa.
彼は、友人が正しい決断をしたとは思わなかった。

O criminoso não **julgou que** a polícia o conseguisse apanhar.
その犯人は、警察が彼を捕まえることができるとは思わなかった。

Pensar 考える・思う

Nunca **pensei que** você fosse capaz de fazer uma coisa dessas.
そんなことが君にできるなんて、僕は決して思いもしなかった。

O atleta não **pensou que** fosse capaz de concluir a maratona.
その競技者は、マラソンを完走できるとは思わなかった。

Ninguém **pensou que** aquele famoso cantor se enganasse na letra da música.
あの有名な歌手が歌詞を間違えるなどとは誰も思わなかった。

Exercícios

練習問題

❸ 名詞節の接続法

1. 次の文章を訳しましょう。

1) 君が親孝行することを、私たちは望みます。

2) 僕は、あなたにここを去ってほしくありません。

3) あなたたちが全員出世することを、私たちは大いに期待しています。

4) 私は母に、スーパーでチーズケーキを買ってきてくれるように頼んだ。

5) あなたにとって来年が素晴らしい年であるように、私は願っています。

6) 我々は、その企業が法令をを守るように要求します。

7) 君たちが、少なくとも一日に2時間読書をするようにアドバイスします。

8) 農園主は、週末も僕たちが働くように命じている。

9) その厳格な先生は、授業中に生徒たちが私語をすることを絶対に許しません。

10) 私があなた方に友人を紹介することを許してください。（＝失礼ですが、友人をあなた方に紹介します。）

11) 私の両親は夜間、私たちが危険な場所に行くことを固く禁じています。

12) 先生は生徒たちに、明日弁当を持ってくるように頼んでいます。

13) かかりつけの医者は、一日に最低2時間歩くように僕に勧めています。

14) 皆さんが明後日の僕の講演会に来られないのを残念に思います。

15) あなたが、来られない理由を事前に私に説明しなかったのは残念です。

16) 私が不在の折に、従業員たちがしっかり働いていることを私は疑っています。

17) 私は彼女が道に迷ったのではないかと心配しています。

18) 高齢にもかかわらず両親がまだ生きていることを、僕は満足に思います。

19) 私たちは、すべての人間が悪人だとは思いません。

20) 君は、政治家たちが約束を果たすと思いますか？

2. 次の文章を訳しましょう。

1) É provável que minha prima faça isso.

2) É necessário que vocês aumentem os seus vocabulários para que possam falar fluentemente.

3) Convém que o senhor consulte com o gerente a respeito do trabalho temporário.

4) Basta que ele me explique para que eu me convença.

5) É incerto que o seu amigo participe na viagem ao Brasil.

6) É uma lástima que os alunos de hoje em dia, de forma geral, não tenham vontade de estudar.

7) É uma vergonha que as moças jovens comam e se pintem dentro dos trens.

8) É muito difícil que a União Europeia escape da crise econômica.

9) É necessário que os jovens sonhem sempre.

10) É fácil que se aprenda concomitantemente algumas línguas neo-latinas.

3. 問題文と同じ意味になるように、例にならって書き換えましょう。

> 例 A mãe **pede** ao filho <u>para</u> comer a sopa.
> → A mãe **pede** **que** o filho coma a sopa.
> （母親は息子にスープを飲むように頼む。）

1) O motorista pede para os passageiros utilizarem cinto de segurança.

___

2) O professor pede para os alunos não chegarem atrasados.

___

3) O João Pinto pede para o amigo ouvir o CD novo.

___

4) O nutricionista pede para o paciente seguir as instruções da dieta.

___

5) A mãe pede para não falarem tão alto.

___

6) A Maria pede ao João para trazer a cadeira para o jardim.

___

7) Ele pede ao pai para lhe comprar o jornal.

___

8) A avó pede ao neto para apagar as luzes da sala.

___

❹ 形容詞節の接続法

> **対話 2** 形容詞節の接続法を用いた会話文を読んでみましょう。

Júlio: Roberval, quero comprar **um carro importado que** tenha um motor forte, que seja econômico, **que** tenha rodas de liga leve e **que** custe menos de 300.000 ienes.

Roberval: Ora Júlio, não vai ser fácil encontrar **um carro que** te agrade. Tu és muito exigente.

Cláudio: Tu achas mesmo?

Roberval: Claro! Não há **ninguém que** venda um carro destes por esse preço.

Cláudio: Não há **nada que** possas fazer por mim?

Roberval: Infelizmente não. Mas se eu souber de **alguém que** queira vender um carro assim eu te aviso.

Cláudio: Obrigado.

対話 2

ジューリオ：ロベルヴァル、おれは、強力なエンジンを持った、経済的で軽合金の車輪があり、しかも 30 万円以下の値段の輸入車を買いたいんだ。

ロベルヴァル：何だって、ロベルヴァル。君が気に入る車を見つけるのは容易ではないよ。君は要求が多くてね。

クラウジオ：君はそう思うかい？

ロベルヴァル：もちろん！　これらの車の一台をその値段で売る人なんていないぜ。

クラウジオ：おれのために君ができることは何にもないのかい？

ロベルヴァル：残念ながら、何もできないね。だけど、もしおれがそのような車を売りたがっている人を知ったならば、君に知らせるよ。

クラウジオ：ありがとう。

《形容詞節》における《接続法》と《直説法》
　文の中で関係節が形容詞と同じ機能を果たしているものを《形容詞節》と呼びます。

　　関係代名詞 que の先行詞が不確定、否定形、疑問形の場合
　　　　　　→関係節の動詞には《接続法》
　　　　先行詞が特定されるもの→《直説法》
　　　＊多くの場合、不定の先行詞を伴って未来の考えなどを表現します。

不定の先行詞の種類
　不特定の人や漠然とした物、数量などを示す不定形容詞
　　→ **algum/alguma, alguns/algumas, certo/certa** ＋名詞
　名詞に伴わないで独立して用いられる不定代名詞
　　→ **algo, alguém, algum/alguma, alguns/algumas**

　　＊ o que, quer que, onde quer que, qualquer que, quem quer que, quando quer que などの不確定な表現の関係詞に伴う動詞は、79-80 頁で例示しているように《接続法》にしなければなりません。

Queremos **uma chacrinha que** nos agrade.
　われわれが気に入るような別荘をわれわれは欲しい。

Quero comprar **um presente que** faça meu filho feliz.
　息子を幸せにするプレゼントを私は買いたい。

Não há **ninguém que** saiba falar russo.
　ロシア語を話す人は誰もいない。

Não há **nada que** me faça parar até acabar este relatório.
　この報告書を終えるまで、僕を中断させるものは何もない。

　　＊否定の不定形容詞は ninguém、否定の不定代名詞としては nada, ninguém が用いられます。

Exercícios 練習問題

❹ 形容詞節の接続法

1. 次の文章を訳しましょう。

1) 私たちが気に入るような別荘を探しています。

2) 誰かここに診察できるお医者さんはいませんか？

3) その問題の専門家はここに誰もいない。

4) 自分を考えさせる本が、僕は読みたい。

5) 私は自分の将来にとって有益な何かを勉強したい。

6) 仕事で君を傷つけることをしないか、私は恐れています。

7) 彼は、妻が気に入る車を買いたがっている。

8) 彼女は妥当な値段を要求することを考えています。

9) 私はテレビの故障を解決してくれる技術者を探したがっていました。

10) その事柄をよく説明する本を、私は見つけることを望んでいる。

2. 次の文章を訳しましょう。

1) Espero fazer algo que te ajude a encontrar emprego.

2) O cozinheiro quer preparar uma refeição que satisfaça os cliente do restaurante.

3) A Maria prefere uma refeição que seja saudável.

4) O Manuel gostava de encontrar alguém que o ajudasse a mudar o pneu do carro.

5) Quero comprar um livro que me ajude a aprender os verbos do português.

6) Desejo ter um emprego que me garanta o futuro.

7) Nunca conheci ninguém que te agradasse.

8) Há aqui alguém que me possa ajudar a mover o sofá?

9) O João quer um gato que lhe faça companhia.

10) A Maria quer comprar um vestido que lhe fique bem.

❺ 副詞節の接続法

> **対話 3** 副詞節の接続法を用いた会話文を読んでみましょう。

Alex: Olá, Fábio. Que coincidência te encontrar aqui no Rio de Janeiro!

Fábio: Olá, Alex. Há quanto tempo! O que você está fazendo aqui?

Alex: Eu estou morando em Ipanema e, **a menos que** eu perca meu emprego, eu pretendo continuar morando lá, pois gosto muito do Rio de Janeiro.

Fábio: É mesmo? O bairro de Ipanema é um lugar bom para se morar?

Alex: É sim. **Embora** tenha muitos prédios e faça muito calor no verão, o bairro de Ipanema é muito agradável. Eu moro em frente à praia, mas **ainda que** tivesse que vir de ônibus para o litoral todos os fins de semana, eu viria.

Fábio: Eu ainda estou morando no interior do estado, mas continuo estudando **de maneira que** possa vir um dia morar na cidade grande.

Alex: **Caso** tu consigas encontrar um emprego no Rio, avisa-me, pois nós poderíamos dividir um apartamento em Ipanema.

Fábio: Você fala sério? Que bom! **Assim que** eu termine a universidade, começarei a procurar um emprego aqui no Rio. Um dia irei morar em Ipanema, **custe o que custar**!

Alex: **Contanto que** tu te esforces, tenho certeza de que tu conseguirás encontrar um emprego aqui.

Fábio: Obrigado Alex. Eu vou me esforçar sim, **mesmo que** tenha que estudar e trabalhar sem parar todos os dias.

対話 3

アレックス：やあ、ファービオ。ここリオで会えるなんて、何という偶然なんだろう！

ファービオ：やあ、アレックス。久し振りだな！　ここで君は何をやってるんだい？

アレックス：僕はイパネマに住んでいるんだ。リオがとっても気に入っているので、自分の仕事を失わないかぎり、住み続けるつもりさ。

ファービオ：本当に？　イパネマ地区は住むのにはいい所かい？

アレックス：うん。多くのビルがあって夏はとっても暑いけど、イパネマ地区はすこぶる快適なんだ。海岸の前に住んでいるよ。しかし、たとえバスで海辺に来なければならないとしても、僕は毎週末に来るだろう。

ファービオ：僕は今も内陸部に住んでいるんだが、いつか大都市に来て住めるように勉強を続けているのさ。

アレックス：君がリオで仕事を見つけることができたら、僕に知らせてくれ。僕たちはイパネマでアパートをシェアできるだろう。

ファービオ：本当に言っているのかい？　それはいい！　大学を終えるとすぐ、僕はここリオで職を探し始めるよ。いつしか是非ともリオに住むさ。

アレックス：君が努力するかぎり、ここで仕事をみつけられることを、僕は確信してるよ。

ファービオ：ありがとう、アレックス。そうだな、たとえ毎日休まずに勉強して働かなければならないにしても、僕は頑張るさ。

文中で従属節が副詞と同じ機能を果たしているとき、これを《副詞節》と言います。

副詞節のなかで用いられる動詞が《直説法》であるか《接続法》であるかは、従属節を導く接続詞や接続詞句によって決定されます。特に、時、譲歩、方法・様態・程度の接続詞の場合は《直説法》になることが少なくありません。

時の接続詞が導く従属節の内容が過去の事実の場合→《直説法》

> **1) 目的を表す接続詞（句）**
> 　目的の接続詞（句）が導く従属節の動詞→《接続法》
> 　主節の主語と従属節の主語が同一の場合→《不定詞》
> 　A Teresa biscateia para viajar pelo Japão.
> 　　テレーザは日本を旅行するためにアルバイトをする。
>
> 　de modo ［=maneira, forma］que, de sorte que が目的ではなくて結果を表す接続詞の場合→従属節の動詞は《直説法》

Para que 〜するために、〜する目的で

Tudo fiz como professor **para que** os estudantes aprendessem a empregar o modo subjuntivo.
　私は教師として、生徒たちが接続法の用法を習得できるようにあらゆることをしました。

Cheguei cedo **para que** meu pai não se zangasse.
　お父さんが怒らないように、私は早く帰りました。

Essa menina mentiu **para que** a deixassem sair.
　外出させてくれるように、その女の子は嘘をついた。

Eu segurava a mão do ladrão **para que** ele não fugisse.
　その泥棒が逃げないように、僕は彼の片手を握っていた。

A fim de que 〜する目的で、〜するために

Foi embora logo, **a fim de que** o visse.
　見られないように、彼はすぐ立ち去った。

O atleta treinou bastante **a fim de que** fosse classificado para os jogos olímpicos.
<small>オリンピックに選出されるために、その競技者は十分トレーニングした。</small>

Ele vai viver para Portugal **a fim de que** possa aprender melhor a língua.
<small>言葉をもっと学ぶために、彼はポルトガルで暮らすことになります。</small>

De maneira que　～するように、～する目的で、それゆえに、したがって

Escrevo uma carta **de maneira que** minha mãe fique sossegada.
<small>お母さんが安心していられるように、僕は一通の手紙を書く。</small>

Os prazos devem ser estabelecidos **de maneira que** todos possam concorrer.
<small>すべての人が応募できるように、期間を設定すべきである。</small>

Arranja o cabelo **de maneira que** eu goste.
<small>僕の気に入るように髪を整えなさい。</small>

＊目的ではなく結果を表す場合は、以下の例に見るように《直説法》になります。

O filho único escreveu uma carta do Brasil de maneira que seus pais ficaram contentes.
<small>その一人息子がブラジルから手紙を書いたので、両親は喜んだ。</small>

De modo que　～するために、～する目的で、それゆえに、したがって

Meu irmão mais velho escreveu **de modo que** meu pai ficou sossegado.
<small>兄が手紙を出したので僕の父は安心した。[直説法を使った例]</small>

Entrou silenciosamente **de modo que** não o vissem.
<small>彼らに見られないように静かに入った。</small>

A professora deve explicar **de modo que** os alunos entendam a matéria.
<small>その女の先生は、生徒たちが教科が分かるように説明すべきです。</small>

Que 〜するように、〜するために

A mãe estava muito atenta **que** não a enganassem.
その母親は、彼らに騙されないように大いに注意を払っていた。

Faço votos* **que** seja feliz.
幸せでありますように［僕は祈ります］！

* fazer votos 〜 = 〜を祈念する、祈る

O policial ordenou **que** as pessoas saíssem imediatamente.
警察は直ちに外に出るように人々に命じた。

---

2) 譲歩の接続詞（句）

譲歩の接続詞（句）の場合は概して、《接続法》になります。

　　　　事実の表現 → 《直説法》
　　　　見込み・可能性の表現 → 《接続法》

譲歩を表す接続詞（句）= ainda que
　　　　　　　　　　　　apesar de [que]
　　　　　　　　　　　　conquanto
　　　　　　　　　　　　dado que
　　　　　　　　　　　　embora
　　　　　　　　　　　　mesmo que
　　　　　　　　　　　　nem que
　　　　　　　　　　　　por mais (menos) que
　　　　　　　　　　　　por muito (pouco) que
　　　　　　　　　　　　posto que
　　　　　　　　　　　　quando (subjuntivo) mesmo
　　　　　　　　　　　　se bem que
　　　　　　　　　　　　etc...

Ainda que たとえ〜でも

Não entendi nada, **ainda que** estivesse prestando atenção.
集中していたにもかかわらず、僕は理解できませんでした。

Ainda que fosse bom jogador, não ganharia a partida.
たとえいいプレーヤーであったとしても、その試合には勝てないでしょう。

Ainda que tenha recebido o convite, ele não virá.
たとえ招待されたとしても、彼は来ないでしょう。

Apesar de que　〜にもかかわらず、〜ではあるが

Nós nos deitaremos tarde hoje, **apesar de que** tenhamos de nos levantar amanhã cedo.
明朝私たちは早く起きなければならないにもかかわらず、今日は遅く床に就くでしょう。

Apesar de que o tempo esteja bom, não irei passear.
天気はいいけれども、僕は散歩に行かないでしょう。

Gosto de o visitar, **apesar de que** a sua casa fique longe.
彼の家は遠いが、僕は彼を訪ねるのが好きです。

Conquanto　たとえ〜でも、〜だけれども、〜にもかかわらず

Conquanto me tivesse preparado, não passei no exame.
準備をしたにもかかわらず、僕は試験に合格しなかった。

Conquanto a economia tenha melhorado, a população continua vivendo mal.
経済は改善しているにも関わらず、住民の生活は悪いままだ。

O Manuel viaja muito, **conquanto** seja pobre.
たとえ貧乏でも、マヌエルはよく旅をする。

Dado que　たとえ〜でも、〜と仮定すれば

Dado que tivesse estudado muito, ele não foi aprovado.
一生懸命勉強したのだが、彼は合格しなかった。

Dado que estivesse cansado, ele não se sentou.
たとえ疲れていても、彼は腰を下ろさなかった。

Dado que quisesse sair, ficou até o fim do filme.
彼は退出したがっていたが、映画が終わるまで留まった。

> 注 「〜であるので」の意味で用いられる場合は、que 以下の動詞は《直説法》となります。
>
> O camponês voltou mais cedo para sua casa, dado que tinha trabalhado muito.
> 一生懸命に働いたので、その農民はもっと早く家に帰った。
>
> Dado que foi um teste difícil, muitos alunos reprovaram.
> 難しいテストだったので、多くの生徒は落第した。

Embora　たとえ〜でも、〜とはいえ、〜ではあるけれども

Minha tia continua comendo muitas batatas fritas, **embora** saiba que poderá engordar.
たとえ太る可能性があることを知っていても、私の叔母は沢山のフライドポテトを食べ続けています。

Embora seja simples, o programa é bom.
シンプルではあるが、そのプログラムはいいものです。

Embora me tenha esforçado tanto, não consegui passar no exame.
大いに努力をしたのだが、僕は試験に合格することができなかった。

Mesmo que　たとえ〜でも

Iremos a Lisboa, **mesmo que** tenhamos de acordar bem cedo.
たとえ随分早く起きなければならないにしても、僕たちはリスボンに行くでしょう。

Comprarei bananas, **mesmo que** estejam verdes.
たとえ熟れていなくとも、私はバナナを買います。

Mesmo que chova, vamos ver o jogo de futebol.
雨が降ったとしても、私たちはサッカーの試合を観に行きます。

Nem que　たとえ〜でも

Vou ao jogo, **nem que** chova.
たとえ雨であっても、僕は試合に行く。

Diz-lhes que não irei, **nem que** me paguem a passagem.
彼らが切符代を払ってくれるとしても、僕は行かないと彼らに伝えておくれ。

Não vou, **nem que** ele me obrigue.
たとえ彼が強制したとしても、僕は行かないから。

Por mais que　どんなに〜しようとも、たとえ〜でも

Por mais que gritasse, ninguém o socorreu.
たとえどんなに叫んでも、誰も彼を助けなかった。

Vocês não acharão lugar para sentar-se no estádio de Koshien, **por mais que** se apressem.
たとえどんなに急いでも、君たち（に）は甲子園球場で座席は見つけられないでしょう。

Por mais que estudasse, a minha nota não melhorou.
たとえ勉強をしたとしても、私の成績はよくならなかった。

Por menos que　たとえどんなに少なく〜しても

Por menos que use o celular, a conta é sempre grande.
たとえ携帯電話をあまり使わなくても、料金はいつも高い。

Por menos que coma, o meu peso não diminui.
たとえ食べる量が少なくても、私の体重は減らない。

Por menos que faça, estão sempre a culpá-la.
ほんのちょっとしたことをしても、彼らはいつも彼女を責めている。

Por muito que　どんなに〜しようとも

Por muito que se esforce, ele pouco aprende.
たとえ一生懸命に努力しても、彼はほとんど学ばない。

Por muito que queira, não posso ajudar-te.
たとえどんなに君が望んでも、私は手助けすることができません。

Por muito que eu faça, eles nunca estão contentes.
たとえ僕がとても頑張ったとしても、彼らは決して満足しない。

Por pouco que　どんなにわずかな〜でも、〜しさえすれば

Por pouco que você leia, aprenderá alguma coisa.
たとえ君があまり読まないとしても、君は何かを学ぶでしょう。

Por pouco que beba, o João fica logo alegre.
たとえ少ししか飲まなくても、ジョアンはすぐに陽気になる。

Por pouco que chova, sempre é melhor, pois a seca já dura há muito tempo.
たとえ雨が少ししか降らなくても、その方がましだ。だって旱魃はもう長い間続いているから。

Posto que　たとえ〜しても、〜であっても、〜であるのに

O aluno passou o exame, **posto que** não tivesse estudado.
勉強しなかったのにその生徒は試験に合格した。

Posto que sejam ricos, nunca viajam.
彼らは金持ちであるにもかかわらず、決して旅行しない。

Ele não se candidatou, **posto que** fosse pessoa estimada pela população.
人々から尊敬される人物であるのに、彼は立候補しなかった。

Quando (subjuntivo) mesmo　まさしく〜の時には

Compro outro terno, **quando** for **mesmo** necessário.
本当に必要な時には、僕は別の背広［三つ揃い］を買います。

Direi o que sei, **quando** estiver **mesmo** na presença do juiz.
裁判官の前にいる時には、私は知っていることを言います。

Vou escrever o relatório, **quando** estiver **mesmo** a terminar o prazo de entrega.
<small>本当に提出期間が近づいたら、私は報告書を書きます。</small>

Se bem que　〜であるが、たとえ〜しても

Ele não veio à festa, **se bem que** tenha sido convidado.
<small>招待されたが、彼はパーティーに来なかった。</small>

Ele foi trabalhar, **se bem que** preferisse descansar.
<small>休みたかったが、彼は働きに行った。</small>

Convidei o rapaz, **se bem que** não possa oferecer-lhe o jantar.
<small>彼に夕食を提供することはできないが、僕はその少年を招いた。</small>

---

3) 譲歩の不定代名詞句

seja como for	どうであれ
seja o que for	何であろうとも
seja qual for	どれであろうとも
seja quem for	誰であろうとも
aconteça o que acontecer (= haja o que houver, suceda o que suceder)	何が起きようとも
custe o que custar	どんな犠牲を払っても

Seja como for　どうであれ

Talvez você não tenha tempo, mas **seja como for**, você precisa vir me visitar em Quioto.
<small>おそらく君には時間がない。しかしながら、どうであれ君は京都で僕を訪ねる必要がある。</small>

Não sei como ele pretende alcançar seu objetivo, mas **seja como for**, eu o irei ajudar.
<small>彼がどのように自分の目的を達成するつもりか僕は知らないが、どうであれ、僕は彼を援助します。</small>

Talvez os políticos não tenham chegado a um acordo, mas **seja como for**, a proposta de lei será julgada hoje.
<small>おそらく政治家たちは合意に達していないだろうが、どうであれ法案の提議は今日判断されます。</small>

Seja o que for　何であろうとも

Não sei se ele quer um relógio ou um computador, mas **seja o que for**, eu lhe darei de presente.
<small>彼が時計かコンピュータのどちらを欲しがっているか知らないが、何であろうと私は彼にプレゼントとして贈ります。</small>

O investidor ainda não decidiu se aplica seu dinheiro na bolsa ou em moedas estrangeiras, mas **seja o que for**, ele está confiante que lucrará bastante.
<small>投資家はまだ自分の金を証券市場に使うか外貨に使うか決めかねていたが、何であろうと彼はかなり儲けられると確信している。</small>

Eles ainda não sabem se querem assistir a uma comédia ou a um drama, mas **seja o que for**, nós iremos ao cinema hoje à noite.
<small>彼らが喜劇かドラマのどちらを観たがっているのかまだわからないが、何であろうと私たちは今夜映画館に行きます。</small>

Seja qual for　どれであろうとも

Minha amiga ainda não decidiu qual carro comprar, mas **seja qual for**, ela o comprará amanhã.
<small>私の友達はまだどの車を買うか決めていませんでしたが、どれであろうと彼女は明日車を買うでしょう。</small>

O juiz ainda não proferiu a sentença, mas **seja qual for**, eu sei que será justa.
<small>裁判官はまだ判決を下していなかったが、どうであれそれが公正であることは私には分かっている。</small>

Meus alunos não sabem que profissão vão seguir, mas **seja qual for**, eu sei que eles se dedicarão a ela com afinco.
<small>僕の生徒たちがどんな職業に就くか知らないが、どの職業であろうと、彼らが一生懸命専念するであろうことは僕には分かっている。</small>

Seja quem for 誰であろうとも

Seja quem for, pode participar da (= na) festa.
<small>誰であろうと、そのパーティーには参加できます。</small>

Na cerimônia do meu casamento, **seja quem for** será bem-vindo.
<small>僕の結婚式には、誰であろうと歓迎です。</small>

Não sei quem está batendo na minha porta agora, mas **seja quem for**, eu não irei atender.
<small>誰が今私の家の戸を叩いているのか知りませんが、誰であろうと私は応対しません。</small>

Aconteça o que acontecer 何が起きようとも

Aconteça o que acontecer,* levarei a efeito o meu plano.
<small>何が起きようとも、僕は自分の計画を実行に移します。</small>
  <small>* levar a efeito = 実行に移す、実現する</small>

O São Paulo disputará a final do campeonato brasileiro com o Corinthians no domingo, **aconteça o que acontecer**, eu estarei lá.
<small>サンパウロは日曜日にコリンチャンスとブラジル選手権大会の決勝戦を争うが、何が起きようとも僕はそこにいるでしょう。</small>

Um tufão está vindo para cá no sábado, mas **aconteça o que acontecer**, nós iremos jogar golfe.
<small>土曜日に台風がこちらへ来るが、何が起きようとも、私たちはゴルフをするでしょう。</small>

Aconteça o que acontecer, manifestarei o meu desacordo.
<small>何が起きようとも、私は反対を表明するでしょう。</small>

Aconteça o que acontecer, irei estudar contigo.
<small>何が起きようとも、君と勉強します。</small>

Haja que houver　何が起きようとも

Parece que uma tempestade está se formando, mas **haja o que houver** eu viajarei amanhã.
<small>暴風雨になろうとしているようだ。しかし、何が起きようとも私は明日旅をします。</small>

Talvez eles se atrasem, talvez eles não venham, mas **haja o que houver**, nós vamos começar a partida a tempo.
<small>おそらく彼らは遅れるし、来ないかもしれない。しかし、何が起きようとも、私たちは時間通りに試合を始めます。</small>

É possível que meu irmão não queira se casar com sua namorada, mas **haja o que houver**, ele sempre a amará.
<small>僕の弟が恋人と結婚したがらない可能性はあります。しかし、何が起きようとも、彼はいつも彼女を愛するでしょう。</small>

Suceda o que suceder　何事が起こっても

O próximo jogo será muito difícil, mas **suceda o que suceder**, lutaremos até o fim.
<small>次の試合はかなり厳しいものになるが、何が起きようとも僕たちは最後まで闘います。</small>

Não sabemos como a economia japonesa estará daqui a 10 anos, mas **suceda o que suceder**, estamos dispostos a investir neste país.
<small>日本経済がこれから10年後どうなるか私たちは知りませんが、何が起きようとも、私たちはこの国に投資する気でいます。</small>

Os agricultores não sabem se poderão vender sua colheita este ano, mas **suceda o que suceder**, eles vão plantar intensivamente.
<small>農民は自分たちの収穫したものを今年販売できるかどうか分からないが、何が起きようとも、彼らは集約して植え付けをするでしょう。</small>

Custe o que custar　どんな犠牲を払っても（是非とも）

Custe o que custar, vou realizar o meu sonho.
<small>どんな犠牲を払っても、私は自分の夢を実現します。</small>

Um dia, eu comprarei uma casa na praia **custe o que custar**.
どんな犠牲を払っても、私はいつか海辺に家を買います。

Custe o que custar, nossa empressa aumentará a produção no ano que vem.
どんな犠牲を払っても、私たちの会社は来年、生産を増大させるでしょう。

Custe o que custar, concluirá a obra esta semana.
どんな犠牲を払っても、今週、その事業は完了するでしょう。

Venha o que vier 何が来ようとも、何が起きようとも

Estou atrasada, mas **venha o que vier**, apanharei o próximo ônibus.
（私は時間に）遅れています。なので、どんなバスが来ようとも、私は次のバスを捕まえます。

As doses são grandes, mas **venha o que vier**, comerei tudo.
一人前の量が多い。しかし、何が来ようとも僕はすべて食べます。

Eu não sei que tipo de ajuda eles vão nos enviar, mas **venha o que vier**, nós aceitaremos com prazer.
彼らがどんな類いの援助を私たちにしてくれるか僕は知らないが、何が来ようとも私たちは喜んで受け入れます。

注 上記のイディオム的な性格の動詞の繰り返しによる表現以外に、《接続法》を用いる以下のような表現もあります。

Quem quer que compre o jornal, pode inscrever-se no concurso.
新聞を買った人は誰でも、コンクールに申し込みができる。

Não quero influenciar, **quem quer que** seja.
誰であれ、僕は影響を与えたくない。

O homem desafiou, **quem quer que** fosse, a contradizê-lo.
誰であったとしても、その男は自分に反論できるわけがないと言った。

Quem quer que afirme isso, está enganado.
それを肯定する人は誰でも間違っている。

Onde quer que fosse, levava o irmão.
どこであったとしても、彼は弟を連れて行っていた。

Irei ter com ele, **onde quer que** esteja.
彼がどこにいようと、僕は会いに行きます。

Antes de viajar, **qualquer que** seja o destino, informe-se quanto à necessidade de visto.
旅行する前に、目的地がどこであれ、ビザの必要性に関して情報を得なさい。

Qualquer que fosse o resultado, contava sempre com o apoio do amigo.
結果がどうであったにしても、僕は友人の支えをいつも当てにしていた。

Não comprei, **o que quer que** fosse.
何であったとしても、私は買わなかったでしょう。

O que quer que diga, não o convencerá.
何を言おうと、彼を説得し得ないでしょう。

O que quer que compres, escolhe bem.
（君が）何を買うにせよ、よく選んでください。

Telefone-me, **quando quer que** seja.
いつでも私に電話をください。

Diga **quando quer que** eu lhe entregue o relatório.
（あなたが）報告書をいつ渡してほしいか、私に言ってください。

Comerei, **venha o que vier**.
何が来ようとも、僕は食べるでしょう。

Por fraco que seja, o rapaz completará a corrida.
たとえ体が弱くても、その少年はレースを完走するでしょう。

Por fraco que seja o sismo, eu fico apavorada.
たとえ地震が弱くても、私は怯えます。

Por triste que seja deixar-te, irei embora.
たとえ悲しくても、君を見捨てて出て行きます。

Por mais triste que seja a notícia, contá-la-ei.
たとえ知らせがどんなに悲しくても、その知らせをあなたに伝えます。

---

4) 条件の接続詞（句）が導く従属節の動詞は《接続法》になります。
　　従属節の内容が、あり得ない非現実と見なされるためです。

　　条件を表す接続詞（句） ＝ 　se
　　　　　　　　　　　　　　　caso
　　　　　　　　　　　　　　　exceto(salvo) se
　　　　　　　　　　　　　　　contanto que
　　　　　　　　　　　　　　　tal que
　　　　　　　　　　　　　　　a não ser que
　　　　　　　　　　　　　　　mesmo que
　　　　　　　　　　　　　　　sem que
　　　　　　　　　　　　　　　a menos que
　　　　　　　　　　　　　　　somente se
　　　　　　　　　　　　　　　etc...

Se もし〜ならば

Se a mãe consentisse, João Pinto continuaria namorando a Keiko.
もし母親が同意すれば、ジョアン・ピントはケイコと恋をし続けるだろうに。

Se você vier amanhã, a gente poderá ir ao cinema.
もし君が明日来るなら、僕たちは映画に行けるだろう。

Se meu primo estudasse bastante, seria aprovado no vestibular.
もし従弟が十分に勉強すれば、入試に受かるだろう。

[**Se**] *Fosse ele mais expedito, o resultado seria outro.
もっと彼の手際が良かったら、結果は別のものになっただろうに。

　　注 上記の例では接続詞 se は省略 (elipse) されている。

Capítulo 3 接続法現在

Meu sobrinho passará no exame de habilitação para magistrado estatal, **se** queimar as pestanas.

もし一生懸命に勉強すれば、甥は司法試験に合格するでしょう。

* queimar as pestanas ＝一生懸命に勉強する、よく本を読む

Se eu tivesse muito dinheiro, iria visitar o Brasil pelo menos uma vez por ano.

もし僕にたくさんのお金があったら、年に一度はブラジルを訪ねるのですが。

Caso　もし～した場合には、もし～したら

Irei, **caso** não chova.

雨が降らなければ、私は行くでしょう。

Caso neve não retornaremos amanhã.

雪の場合、明日私たちは戻らないでしょう。

Caso a mãe se preocupasse, ele telefonaria para ela.

母親が心配する場合は、彼は彼女に電話するでしょう。

Caso você esteja ocupada, não precisa vir.

君が忙しければ、来る必要はありません。

Poderemos estudar juntos, **caso** seja necessário.

必要であれば、僕たちは一緒に勉強できるでしょう。

Iremos visitá-lo, **caso** consigamos terminar o trabalho até amanhã.

明日までにその仕事を終えることができる場合には、私たちは彼を訪ねるでしょう。

Exceto (salvo) se　～するのでなければ、～でない限り

注 exceto se, salvo se, se, se não, só se, somente se のような条件の接続詞（句）の場合は通常、接続法の未来形になります。

Falarei com o advogado, **salvo se** ele não tiver tempo.

彼にもし時間がなければ、私が弁護士と話します。

Irei ter com o rapaz, **salvo se** adoecer.
病気でなければ、僕は少年に会いに行きます。
　　＊ ir ter com~ に会いに行く

Não telefonarei, **salvo se** estiver atrasado.
遅れないのであれば、私は電話しません。

Esperarei por ti, **exceto se** vieres tarde.
君が遅れてくるのでなければ、私は待ちます。

Podes sair, **exceto se** estiver mau tempo.
悪い天気でなければ、君は出かけられる。

Colaborarei na festa, **exceto se** tiver muito trabalho.
仕事が山積していなければ、私はパーティーに協力します。

Venceremos o campeonato, **exceto se** nossos jogadores se contundirem.
もし私たちの選手がケガをしなれば、選手権大会に勝つでしょう。

Nosso candidato ganhará a eleição, **exceto se** houver algum escândalo.
もし何らかのスキャンダルがなければ、私たちの候補は選挙に勝利するでしょう。

Jogaremos futebol amanhã, **exceto se** tivermos que estudar para a prova.
もし試験のために勉強しなければならないのでなければ、明日僕たちはサッカーをするでしょう。

Contanto que　〜するからには、もし〜ならば

Ele será promovido **contanto que** trabalhe muito este ano.
一生懸命に働くのであれば、彼は今年昇進するでしょう。

Eu lhe ajudarei **contanto que** me conte toda a verdade.
真実をすべて僕に語るのであれば、僕は彼を支援するでしょう。

Eu comprarei a casa **contanto que** consiga fazer um empréstimo.
借金をすることができるのであれば、私はその家を買います。

Tal que ～するためには

Ele precisa ser muito forte para cumprir esta tarefa. A sua força precisa ser **tal que** ele consiga levantar duas pessoas com um braço só.

<small>この仕事を果たすのには大変な力が必要です。(つまり) 片腕だけで 2 人を持ち上げることができるほどの力が彼には必要です。</small>

Para que ele se cure, a sua fé necessita ser **tal que** ele possa mover montanhas.

<small>彼が回復するためには、山をも動かすことができるほどの信仰が (彼には) 必要です。</small>

Para que a torre de TV seja considerada a maior do mundo, sua altura deve ser **tal que** se possa vê-la a 10 km de distância.

<small>そのテレビ塔が世界最大と見なされるためには、その高さが 10 キロの距離からも見ることができるほどのものであるべきだ。</small>

A não ser que ～でなければ、～でないかぎり

A não ser que Keiko deixe de cumprir sua promessa de comer menos bolo, ela com certeza emagrecerá.

<small>ケーキを少ししか食べないという約束を守らないのであれば、ケイコは確実に太るでしょう。</small>

Estamos contando com a sua presença, **a não ser que** você não possa vir.

<small>君が来られないかぎり、私たちは君が出席するのを待っています。</small>

Eu me formarei no próximo ano, **a não ser que** não consiga terminar de escrever minha tese a tempo.

<small>時間内に論文を書き終えることができないということでなければ、私は来年卒業します。</small>

Mesmo que たとえ～しても、たとえ～でも

Eu irei ao estádio de futebol, **mesmo que** chova canivetes.

<small>たとえ土砂降りの雨が降ったとしても、僕はサッカー場に行きます。</small>

Gostaríamos de fazer uma visita a seu pai no hospital, **mesmo que** seja por pouco tempo.

<small>たとえわずかの時間であったとしても、私たちは病院におられるあなたの御尊父の見舞いをしたいです。</small>

Vamos esperá-los no aeroporto, **mesmo que** tenhamos que acordar bem cedo.

<small>たとえ僕たちがとても早く起きなければならないにしても、空港であなたたちを待ちます。</small>

注 Sem que＝否定の接続詞（句）のために、従属節の動詞は《接続法》となります。

Não permita Deus que eu morra **sem que** volte para lá.

<small>神よ、われみまかるを許すなかれ、彼の地（故国）に帰るもならで。
（神様、彼の地に帰れずに死ぬのをお認めになされませんように。）</small>

Eu não podia olhá-la **sem que** risse.

<small>僕は笑わずに彼女を見ることができなかった。</small>

Ele não costumava ir ao Rio de Janeiro **sem que** fosse ao Corcovado.

<small>コルコヴァード（キリスト像）に行くことなしに、彼はリオに行く習慣はなかった。
（リオに行くときにはいつもコルコヴァードに行く。）</small>

A menos que　～でなければ、～でないかぎり

A menos que façam greve, os empregados não receberão aumento.

<small>ストライキをするのでないかぎり、従業員たちの賃金は上がらないでしょう。</small>

Nada posso fazer, **a menos que** me traga os documentos.

<small>（僕に）書類を持って来ないのであれば、僕には何にもすることができません。</small>

Vocês não poderão entrar no teatro, **a menos que** apresentem o bilhete.

<small>君たちが入場切符を提示しないかぎり、劇場に入ることはできないでしょう。</small>

Somente se ～であれば

Irei **somente se** os senhores forem também.
<small>あなた方も行くのであれば、僕も行きます。</small>

Os meninos comerão a salada **somente se** não tiver cebolas.
<small>タマネギが入っていないのであれば、少年たちはサラダを食べるでしょう。</small>

A estudante passará no vestibular **somente se** estudar bastante.
<small>十分に勉強するのであれば、その女子学生は入学試験に合格します。</small>

---

5) 方法・様態・程度の比較を表す接続詞 = como
   a) 方法・様態・程度の比較を表す接続詞や関係詞が導く従属節の内容が現実性を帯びていない場合　→従属節の動詞は《接続法》
   b) 従属節の内容が現実　→従属節の動詞は《直説法》

   O empregado fez como o dono mandou.
   <small>従業員は店主が命じたようにした。</small>

Façam **como** quiserem.
<small>どうぞお好きなようになさってください。</small>

Não sabemos que contribuição dar, mas participaremos dos eventos **como** pudermos.
<small>どの様に貢献できるか分りませんが、できる限りその催し物に私たちは参加します。</small>

Não se preocupem. Façam **como** fizerem estará bem.
<small>心配ご無用。あなたたちがどうしようと大丈夫です（問題はありません）。</small>

Não importa a aparência. Esteja **como** estiver, comprarei o carro.
<small>見かけは問題ではない。どうであれ私はその車を買います。</small>

6) **時を表す接続詞**
   時を表す接続詞が未来について言及する場合→《接続法》
   現在の習慣や過去の事象について言及する場合→《直説法》

   時を表す接続詞 = antes que
   　　　　　　　　　assim que
   　　　　　　　　　até que
   　　　　　　　　　depois que
   　　　　　　　　　desde que
   　　　　　　　　　enquanto
   　　　　　　　　　logo que
   　　　　　　　　　quando
   　　　　　　　　　sempre que
   　　　　　　　　　etc...

注 まずは現在の習慣や過去の事象について言及する場合、《直説法》を使う例を見てみましょう。

Quando vou a Ipanema, sempre me hospedo no Hotel Sol de Ipanema.
　　僕はリオに行くと、いつでもホテル・ソール・デ・イパネマに泊まります。

注 時を示す接続詞を用いた場合の《接続法》を使う例を見てみましょう。

Antes que 〜する前に

Estarei em casa **antes que** você chegue.
　　君が着く前に、僕は家にいるでしょう。

Espero que ele estude **antes que** seja tarde.
　　手遅れになる前に、彼が勉強することを僕は期待している。

O chefe da seção sairá **antes que** o apito da fábrica soe.
　　課長は工場のサイレンが鳴る前に外出するでしょう。

Aproveite a vida, **antes que** você morra.
　　（君が）死ぬ前に人生を楽しみなさい。

Antes que viajes, vê o que fazes.
旅行する前に、何をするか君は考えよ。

Assim que 〜するとすぐ

Assim que comecem as férias, vou viajar para o Brasil.
休暇が始まるやいなや、僕はブラジルへ旅をします。

Escove os dentes, **assim que** acabe de comer.
食べ終わるとすぐ僕は歯を磨く。

Devemos lavar as mãos, **assim que** entremos em casa.
家に入るとすぐに、私たちは手を洗うべきです。

Até que 〜するまで

O governo manterá as importações, **até que** nossa produção melhore.
私たちの生産が改善されるまで、政府は輸入を続けるでしょう。

Até que o professor venha, ficarei estudando na biblioteca.
先生が来るまで、僕は図書館で勉強しています。

O professor esperou **até que** acabássemos a prova.
先生は、僕たちが試験を終えるまで待った。

Esperemos **até que** o visitante chegue de Kyushu.
九州からその訪問客が到着するまで待とうじゃありませんか。

> 注 Esperemos →「勧誘」を表す言い方で、動詞は《接続法一人称複数形》
> 《Vamos [ir 接続法一人称複数形] + esperar》も同様
> 他方、下記の例のように過去の確実な事実を従節で述べる場合は、《直説法》となります。
>
> Esperamos até que o visitante chegou de Kyushu.
> 九州からその訪問客が到着するまで私たちは待ちました。

Depois que　〜した後に

Você certamente emagrecerá **depois que** comece a frequentar a academia.
スポーツクラブへ通い始めた後は、君はきっと痩せるでしょう。

Passarás a gostar de Machado de Assis **depois que** leias um de seus livros.
彼の作品の一つを読んだ後は、君はマシャード・デ・アシスが好きになるでしょう。

Poderás começar a estudar a segunda lição **depois que** termines a primeira.
第1課を君が終わった後は、第2課を勉強し始めることができます。

Desde que　〜するからには、〜する以上

Desde que estudes todos os dias, terás boas notas.
毎日君が勉強するならば、いい点を取るでしょう。

Você poderá conseguir bons resultados **desde que** treine bastante.
十分にトレーニングするならば、君はいい結果を得ることができるでしょう。

Eles viajarão ao Brasil, **desde que** consigam o visto.
ビザを取得できるならば、彼らはブラジルへ旅行するでしょう。

Enquanto　〜している間に

Por favor lave a louça **enquanto** estiveres em casa.
君が家にいる間に、どうか皿を洗ってください。

Aproveite para comprar **enquanto** houver estoque.
ストックがある間に買っておいた方がいいですよ。

Faça seu dever de casa **enquanto** estiver livre.
暇な間に、あなたの宿題をしなさい。

Logo que 〜するとすぐ

Escreva-me **logo que** chegue a Portugal.
ポルトガルに着いたらすぐに、私に手紙を書いてちょうだい。

Logo que acabe o relatório, entregue ao diretor.
報告書を書き終わったらすぐに、校長先生に渡してください。

Você deve tomar o remédio **logo que** termine as refeições.
食事が終わったらすぐに、君は薬を服用しなければなりません。

Quando 〜するときに

Tua esposa sempre estará te esperando, **quando** chegues de viagem.
君が旅から戻るときは、君の奥さんはいつも君を待っている。

Quando você vier, não se esqueça de trazer o ingresso.
君が来るときは、入場券を持ってくるのを忘れないで。

Venha à minha casa **quando** visitares Quioto.
君が京都を訪ねるときは、僕の家にいらっしゃい。

Sempre que 〜するときはいつも

Vá de ônibus **sempre que** chover.
雨が降るときはいつもバスで来なさい。

Ele deve usar o cartão de crédito **sempre que** fizer compras online.
オンラインで買い物をするときは、彼は常にクレジットカードを使うべきだ。

Eu quero que venhas à minha casa **sempre que** puderes.
できるときはいつでも君に、僕の家に来てほしい。

Exercício 練習問題

❺ 副詞節の接続法

1. 次の文章を訳しましょう。

1) もし時間に余裕があったら、ポルトガルを訪ねるのだが。

2) もし私の甥が懸命に努力すれば、彼は司法試験に通るだろう。

3) 僕は故郷の両親を安心させるために、いつも手紙を書きます。

4) たとえ貧しくても、われわれは正しく誠実に生きなければなりません。

5) おばさんがここに着くまで僕は待ちます。

6) あなたたちが望むようにしなさい。

7) 家事を終えることができないのでなければ、僕はパーティーに行きます。

8) 君が早く到着するのであれば、私たちは一緒に市場に行くことができます。

9) 僕たちのチームは、たとえ今日の試合に勝たなくとも、次の試合に進出します。

10) あなたが心配しないように、僕は毎日、あなたにメールを送ります。

2. 次の文章を完成させるために、選択肢の中から適当な表現を選び（＿＿＿）のなかに入れましょう。

> a fim de que / somente se / por muito que / seja o que for
> haja o que houver / seja quem for / por menos que
> posto que / ainda que / logo que

1) Talvez eu não vá ao cinema, mas (＿＿＿＿＿＿) vou sair de casa hoje.
2) (＿＿＿＿＿＿) trabalhes, vais receber teu salário integralmente.
3) Minha irmã ainda não decidiu o que comprar, mas (＿＿＿＿＿＿) ela o comprará hoje mesmo.
4) Meu filho foi aprovado no vestibular, (＿＿＿＿＿＿) não tenha estudado quase nada.
5) O pai não comprou o doce, (＿＿＿＿＿＿) os filhos quisessem.
6) ＿＿＿＿＿＿, ninguém poderá entrar nesta área.
7) Os investidores pouparam dinheiro ＿＿＿＿＿＿ não precisassem enfrentar a crise.
8) As crianças irão ao piquenique ＿＿＿＿＿＿ os pais também forem.
9) Avise-me ＿＿＿＿＿＿ seu pai chegue de viagem.
10) Marcos fez de tudo para comprar o carro ＿＿＿＿＿＿ não tivesse dinheiro.

CAPÍTULO 4 | 主節もしくは独立文において
O subjuntivo na oração principal e na oração independente

対話 4 独立文を用いた会話文を読んでみましょう。

Gustavo: Professora! Professora! **Escuta** o que eu ouvi.

Professora: Não **grite** Gustavo! **Fale** devagar, o que aconteceu?

Gustavo: Professora, eu ouvi dizer que talvez o Cláudio não **venha** fazer o teste amanhã.

Professora: Por que você diz isso Gustavo?

Gustavo: Porque ele está muito doente e talvez não **melhore** até amanhã.

Professora: Coitado do Cláudio! Tomara que ele se **recupere** logo.

Gustavo: Coitado de mim, que tenho que estudar a noite toda. Se Deus **quiser** eu ficarei doente também e não precisarei vir fazer o teste amanhã.

Professora: Não **diga** isso menino! **Vá** para casa agora e **seja** pontual amanhã!

対話 4

グスターヴォ：先生！ 先生！ 僕が耳にしたことを聞いてください。
　　　先生：叫ぶのではありません、グスターヴォ！ 何があったのかゆっくりお話し。

グスターヴォ：先生、僕が聞いたところでは、おそらく明日、クラウジオは試験を受けに来ません。

先生：グスターヴォ、(あなたは) どうしてそんなことを言うの？

グスターヴォ：なぜなら、彼はとっても病気が重くて、おそらく明日までによくならないからです。

先生：可哀そうなクラウジオ！　どうか彼がすぐによくなりますように。

グスターヴォ：可哀そうな僕。だって、一晩中勉強しなければならないんだもの。神の思し召しにかなえば、僕も病気になり、そうすれば、明日のテストを受けに来る必要はないのに。

先生：坊や、そんなこと言うんじゃありません！　今すぐ家に帰って、明日は時間をきちっと守りなさい！

以下の3つの場合では《接続法》が使われます。

❶ 命令文の接続法

Não **fumes** nesta sala.
この部屋では、君はタバコを吸ってはダメだ。

Não **faças** aos outros o que não queres que te façam.
君がされるのを好まないことを君は他人にするな。

Jogue isto no lixo por favor.
これをゴミ箱に捨ててください。

Seja pontual!
几帳面でありなさい。

Fale mais devagar, por favor.
どうかもっとゆっくり話してください。

❷ 祈願の間投詞の接続法

> 願望を表す独立文＝《願望・祈願などを表現する動詞＋ que ＋接続法》
> 現時点では非現実的な事象なので、接続詞の後にくる動詞は《接続法》になります。願望・祈願を表す動詞や、接続詞 que はしばしば省略されます。

Sejam felizes!
お幸せに！

Tomara que faça um bom tempo amanhã!
どうか明日はいい天気でありますように！

* **Oxalá** [que] eu consiga obter um bom emprego.
どうか僕にとってもいい仕事が得られますように！

> * Oxalá はアラビア語起源の言葉で、ポルトガル語では se Deus quiser, assim Deus queira に当たります。ですから、Oxalá の代わりに "queira Deus" がしばしば用いられます。先述の通り、que は省略される場合が少なくありません。

Queira Deus [que] minha mãe se restabeleça depressa.
どうかお母さんが早く快復しますように！

Se Deus quiser serei aprovado no vestibular.
うまくいけば（もし神のおぼし召しがあれば）、僕は入学試験に合格するだろう。

Se Deus quiser conseguirei emprego melhor.
うまくいけば（もし神のおぼし召しがあれば）、僕はよりよい仕事にありつけるでしょう。

❸ talvez (quiçá) ＋ 動詞

> 「おそらく、たぶん（見込み、公算）」といった疑いを含む意味の副詞が
> 動詞の前に置かれるときは　→動詞は《接続法》
> 動詞の後ろに置かれる場合　→動詞は《直説法》

Talvez meu primo não se case com a filha do milionário.
おそらく僕の従弟は、その富豪の娘と結婚しない。

Talvez vocês possam terminar este projeto até o fim deste ano.
たぶん君たちは、今年の終わりまでにこのプロジェクトを終えることが出来ます。

Talvez seja necessário que os alunos estejam aqui mais cedo.
おそらく生徒たちはここにもっと早くいる必要があります。

Talvez eles queiram almoçar antes de começarem a viagem.
旅を始める前に、おそらく彼らは昼食をとりたがっている。

Isso **talvez** seja verdade.
おそらくそれは真実である。

Exercícios

練習問題

主節もしくは独立文において

1. 次の文章を訳しましょう。

1) 窓を開けなさい。

2) 自分に対してされるのを好まないことを、他の人にするな。

3) 君はもうこれ以上食べてはいけないよ。

4) 人生について大いに語り合おうじゃありませんか。

5) もうそれについては考えないことにしましょう。

6) 神よ、私をお許しください！

7) どうか明日は暴風雨が来ませんように。

8) おそらく彼は大金持ちだ。

9) それはたぶん間違いだろう。

10) 遅かれ早かれ、ブラジルはおそらく世界最大の食糧庫になるだろう。

2. 次の文章を訳しましょう。

1) Não corra dentro da igreja menino.

2) Se Deus quiser este ano eu me casarei.

3) Oxalá que suas orações sejam atendidas senhor José.

4) Animem-se garotos! Cantem com mais vontade!

5) Não podemos sair com os barcos agora. Talvez a maré custe a encher.

6) Tomara que Maria não se atrase para o ensaio amanhã.

7) Queira Deus que não aconteça nenhum terremoto este ano.

8) Mário estava presente quando o crime aconteceu. Quiçá ele saiba alguma coisa.

9) Não queira Deus que você se case com aquela mulher.

10) Venha rápido para cá. Talvez você ainda consiga pegar o avião.

CAPÍTULO 5 | 接続法不完全過去（＝半過去）
O pretérito imperfeito do subjuntivo

> **対話 5** 接続法不完全過去を用いた会話文を読んでみましょう。

Lúcia: Marta, por que você decidiu ir ao Japão quando era jovem?

Marta: Eu fui porque meus pais queriam que eu **estudasse** no exterior.

Lúcia: Eles não temiam que você não **quisesse** voltar mais para o Brasil?

Marta: Não. Eles sempre disseram que deveria fazer como eu **achasse** melhor. Para eles, o mais importante é que eu **fosse** feliz. Não importava onde.

Lúcia: Eu gostaria que meus pais **pensassem** da mesma forma. Mas eles sempre me pediram para que eu **estudasse** no Brasil e **arranjasse** um emprego aqui também.

Marta: Você gosta do seu trabalho agora?

Lúcia: Eu gosto, mas eu sei que muita coisa seria diferente se eu tivesse ido estudar no exterior como você.

対話 5

ルーシア：マルタ、あなたはどうして若い時に日本に行くことを決めたの？

マルタ：私の両親が留学することを望んでいたから、行ったのよ。

ルーシア：あなたがもうブラジルへ帰りたがらないことを、彼らは心配していなかったの？

マルタ：別に。両親はいつも言っていたわ。私がベターであると思う通りにすべきだと。彼らにとって最も大事なのは、私が幸せであること。場所がどこだって問題ではなかったの。

ルーシア：私の両親にも同じように考えてほしいんだけど、彼らはいつだって私に頼み込んでいたわ。私がブラジルで勉強し、ここでまた職に就くように、と。

マルタ：今の仕事気に入っているの？

ルーシア：ええ、でも、もし私があなたのように留学していたら、多くのことが違ったものになっていただろうことが分かっているの。

❶ 規則動詞の接続法不完全過去形の作り方

> 直説法過去完了三人称複数形の語尾 -ram を取り去り、
> -sse, -sses, -sse, -ssemos, -sseis, -ssem を加える。

注 規則上の例外はありません。

例 **Falar**（話す）

直説法過去完了三人称複数形　　Eles falaram - (ram) = fala + ___

Se eu	fala + **sse**	=	fala**sse**
Se tu	fala + **sses**	=	fala**sses**
Se ele, ela, você	fala + **sse**	=	fala**sse**
Se nós	falá + **ssemos**	=	falá**ssemos**
Se vós	falá + **sseis**	=	falá**sseis**
Se eles, elas, vocês	fala + **ssem**	=	fala**ssem**

Capítulo 5 接続法不完全過去（＝半過去）

注 動詞の一人称と二人称の複数形では、-ar と -ir の動詞では鋭音符が、また -er 動詞では閉音がつくことに留意しましょう。

	cantar（歌う）	vender（売る）	partir（出発する）
Se eu	cant**asse**	vend**esse**	part**isse**
Se tu	cant**asses**	vend**esses**	part**isses**
Se ele, ela, você	cant**asse**	vend**esse**	part**isse**
Se nós	cant**ássemos**	vend**êssemos**	part**íssemos**
Se vós	cant**ásseis**	vend**êsseis**	part**ísseis**
Se eles, elas, vocês	cant**assem**	vend**essem**	part**issem**

＊不規則動詞の接続法不完全過去の作り方

	ter	ir = ser（同じ活用）	estar
Se eu	tivesse	fosse	estivesse
Se tu	tivesses	fosses	estivesses
Se ele, ela, você	tivesse	fosse	estivesse
Se nós	tivéssemos	fôssemos	estivéssemos
Se vós	tivésseis	fôsseis	estivésseis
Se eles, elas, vocês	tivessem	fossem	estivessem

❷ 接続法不完全過去の用法

次のような場合、《接続法不完全過去》が用いられます。

> 1) 主節の動詞が不完全過去か完全過去か過去未来形で、同時に、未来の事柄を従属節で述べる場合。

A mãe **suplicou** que não **matassem** a filha.
その女は娘を殺さないように懇願した。

Pedimos ao médico que **examinasse** o avô.
私たちはお医者さんにおじいちゃんを診察してくれるように頼んだ。

Seria preciso que eu lhe **respondesse** sem demora.
僕は彼に早速返事をする必要があるだろう。

> 2) 主節の動詞は《直説法》の現在形だが、従属節で過去の事象を述べる場合。

Sinto muito que vocês não **participassem** naquela reunião importante.
君たちがあの重要な会合に参加しなかったのはとても残念です。

Sinto imensamente que tua mãe **morresse** tão tragicamente.
君のお母さんがそんなに惨たらしいかたちでお亡くなりになったのを、私はとても気の毒に思います。

> 3) 事実とは反対の仮想（反実仮想）を表現する se のある条件節がある場合。通常、その帰結節は《過去未来形》を使います。

Se minha mãe estivesse aqui, poderia me ajudar a limpar o quarto.
もし母親がここにいれば、僕が部屋を清掃するのを手伝ってくれるのだが。

Se eu soubesse a que horas João chega, iria recebêlo até ao Aeroporto Internacional de Kansai.
ジョアンが何時に到着するか知っていれば、関西空港に僕が迎えにいくのだが。

> 4)《como se ＋接続法不完全過去》
> 　　　　→「あたかも〜する［〜である］かのように」
> 　　＊英語の as if に当たる

Os turistas vieram vestidos **como se** estivéssemos no inverno.
観光客はまるで冬であるかのように厚着をしてやってきた。

O casal agia **como se** nada acontecesse.
夫婦は何事もなかったかのように振る舞っていた。

O time se vangloriava **como se** conquistasse o título de campeão.

そのチームはまるでチャンピオンのタイトルを得たかのように、得意満面になっていた。

> 5) 現在もしくは未来の事柄に対する強い願望。

Oh! **Se** eu **pudesse** falar com aquela garota hoje...

ああ、今日僕はあの娘と話ができたらいいのになあ……。

Ah, **se** ela **soubesse** o quanto a amo...

ああ、どれほど僕が彼女を愛しているか、もし彼女が知っていてくれたら……。

Ah, **se** dessa vez eu **ganhasse** na loteria...

ああ、今度もし僕が宝くじが当たったら……。

> 6) 主節の動詞が過去未来形の場合は、従属動詞は《接続法不完全過去形》になります。

Eu **gostaria que** você falasse francamente.

君には率直に話してほしい。

Seria melhor que nós fôssemos embora o quanto antes.

私たちはできるだけ早く立ち去った方がいいでしょう。

Se possível, eu **preferiria que** vocês não tivessem que regressar hoje.

僕は、できることなら君たちが今日帰る必要がないことを望んでいます。

Exercício

練習問題

接続法不完全過去

1. 次の文章を訳しましょう。

1) 両親は僕が短期留学をすることを望んだ。

2) 私たちはテーラーに今日見本を持って来てくれるように頼んだ。

3) 先生たちは生徒たちが夏休みに勉強していることを疑った。

4) われわれは彼に早速、お礼のメールをする必要があるだろう。

5) 招待客が少なかったことは、主催者としてとても残念です。

6) もしここに国語辞典があれば、その単語を調べられるのだが。

7) あなたのように能力があれば、一流会社への入社を試みるのだが。

8) ああ、あの娘とアマゾン旅行ができたらなあ。

9) ホームステイ先の家族は、まるで私を家族のように扱ってくれます。

10) 私の友人はさもフォルタレーザに行って来たかのように話した。

2. 次の文章を訳しましょう。

1) O rapaz levantou-se subitamente como se levasse um susto.

2) O João pediu-lhe que comprasse os bilhetes para o concerto do Roberto Carlos.

3) Aquele atleta corria como se fosse uma lebre.

4) O amigo sugeriu-lhe que ficasse naquele hotel.

5) Ele contava com que seu amigo viesse visitá-lo naquele dia.

6) Eu gostaria que você não mentisse para mim.

7) Se ela soubesse que quando ela passa, o mundo inteirinho se enche de graça.

8) Ele estava agindo como se nada ocoresse.

9) Os professores esperavam que os alunos participassem mais das atividades.

10) Se esta loja vendesse mais barato, teria mais clientes.

CAPÍTULO **6** | 接続法完全過去
O pretérito perfeito composto do subjuntivo

対話 6 接続法完全過去を用いた会話文を読んでみましょう。

Cláudio: Olá Lucas. Será que poderias me emprestar algum dinheiro?

Lucas: Olá Cláudio. Ainda estás precisando de dinheiro para comprar a casa nova? Surpreende-me que ainda não a **tenhas comprado**.

Cláudio: Sim, ainda estou precisando.

Lucas: Espero que **tenhas conseguido** vender teu apartamento velho por um bom preço. Caso ainda não o **tenhas vendido**, agora é um bom momento para fazê-lo.

Cláudio: Que nada Lucas. Eu o vendi bem barato antes dos preços subirem.

Lucas: Puxa vida, Cláudio. Que mau negócio! Não acredito que não **tenhas aproveitado** o aumento do valor dos imóveis dos últimos meses.

Cláudio: É uma pena mesmo.

Lucas: Bem, pelo menos espero que a tua mulher **tenha economizado** algum dinheiro depois de ter começado a trabalhar.

Cláudio: Que nada! Ela ganha bem, mas gasta tudo o que ganha com roupas.

Lucas: Ora Cláudio, assim não dá. Desculpa, mas eu também não posso te emprestar dinheiro.

対話 6

クラウジオ：おい、ルッカス。僕にお金を貸してくれないかな？
ルッカス：おい、クラウジオ。新築の家を買うのに、君、まだお金が必要なのかい？　まだ買っていなかったなんて、僕には驚きだ。
クラウジオ：そう。まだお金が必要なんだ。
ルッカス：君の古いアパートをいい値段で売り払うことができていたら良かったんだけど。まだそれを売っていなければ、今がそうするいい時期だよ。
クラウジオ：ルッカス、とんでもないさ。値段が上がる前に、ずいぶん安い値でそれを売ったんだ。
ルッカス：まあ何と、クラウジオ。何というひどい商売！　この数か月の不動産価格の高騰の機会を君が利用しなかったなんて、僕には信じられないよ。
クラウジオ：実に残念さ。
ルッカス：で、せめて君の奥さんが働き始めてから、いくらかのお金を節約していたならよかったのだけど。
クラウジオ：何にも！　彼女はよく稼ぐが、手にしたすべてを服に注ぎ込むんだ。
ルッカス：へえっ、クラウジオ、そんなのよくないよ。ごめんよ。しかし、僕も君に金を貸せっこないよ。

❶ 接続法完全過去形の作り方

《直説法》の現在完了に対応する形で、現在の時点で完了した事象や過去の出来事を表します。

《**ter** もしくは **haver** の《接続法》＋特定の動詞の過去分詞形》

falar 動詞を例に示しましょう。

Que eu	tenha falado	haja falado
Que tu	tenhas falado	hajas falado
Que ele, ela, você	tenha falado	haja falado
Que nós	tenhamos falado	hajamos falado
Que vós	tenhais falado	hajais falado
Que eles, elas, vocês	tenham falado	hajam falado

❷ 接続法完全過去の用法

次の場合では《接続法完了過去》を用います。

> 1) 主節の動詞が直説法の現在もしくは未来で、従属節で出来事の完了を述べる時

Duvidamos que o senhor fulano tenha terminado de escrever o relatório.
　某氏が報告書を書き終えていることについて、私たちは疑いをもっています。

> 注 主節の動詞が「疑念」の意味ではなく、「確言・断言」の文脈で用いられる場合は、従属節の動詞は《直説法》となります。

Afirmamos que o senhor fulano terminou de escrever o relatório.
　某氏がその報告書を書き終えていると、私たちは断言します。

Caso tenha bebido demasiadamente, precisa descansar o fígado.
　過度に飲んだ場合には、肝臓を休ませる必要がある。

Espero que eles tenham chegado ao Brasil sem nenhum problema.
<small>彼らが何ら問題なくブラジルに着いたことを、私は期待しています。</small>

Ainda que eu tenha tomado água, continuo com sede.
<small>水を飲んだにもかかわらず、僕はのどが渇いたままです。</small>

Há **alguém** aqui **que** já tenha lido o romance *Iracema* escrito por José de Alencar?
<small>ここにジョゼー・デ・アレンカールが描いた小説『イラセマ』をすでに読んだ人がいますか？</small>

Caso ainda não tenhas estudado para a prova, eu te aconselho que estudes o mais rápido possível.
<small>君がまだ試験のために勉強していなかったのであれば、できるかぎり早く勉強することを僕は助言します。</small>

Não acredito que já tenhas economizado o suficiente para comprar aquela casa.
<small>あの家を買うのに君がすでに必要分を節約し貯めていたとは私には思えません。</small>

Para teu próprio bem, **espero que** hajas tomado o remédio como o médico te aconselhou.
<small>君自身の幸福のために、医者が助言したように君が薬を飲んだものと私は思っています。</small>

Exercício

練習問題

接続法完全過去

1. 次の文章を訳しましょう。

1) 私たちは生徒たちが一生懸命に勉強したことを疑っています。

2) あなたは使節団がもうリオに着いたことを確かにご存知ですか？

3) 私は、恋人が私たちの結婚について父親と話し合ったとは思いません。

4) あなた方は飲み過ぎた場合には、体を休める必要がある。

5) その強盗に共犯者の手助けがあったことはあり得ます。

6) 最後の会議において、そのテーマに私たちが取り組んだとは私には思えない。

7) 彼女がそんなに若くして結婚したとは、僕には驚きです。

8) マリアーナがそんなことを言ったとは、僕は信じられません。

9) 試験がうまくいったことを私は期待しています。

10) 私が外出していた間に　私の息子が勉強したのを私は疑います。

2. 次の文章を訳しましょう。

1) Avise-me caso já tenha comprado os bilhetes.

2) Espero que tenham entendido a minha mensagem.

3) Talvez ele tenha desistido de concorrer para a bolsa de estudo.

4) Duvido que o Manuel tenha continuado com esse projeto.

5) Não acredito que o José tenha passado no exame de Geografia.

6) É possível que eu tenha cometido um erro quando preenchi o formulário.

7) Caso tenha bebido em demasia, não pode dirigir.

8) O jogador nega que tenha assinado contrato com outro time.

9) Podes ver televisão desde que tenhas feito o dever de casa.

10) Não acho que ele tenha feito isso de propósito.

CAPÍTULO 7

接続法過去完了（＝大過去）
O pretérito mais-que-perfeito composto do subjuntivo

対話 7　接続法過去完了を用いた会話文を読んでみましょう。

Ana: Oi, Isabel. O Antônio me disse que você comprou um computador novo semana passada.

Isabel: Antes **tivesse comprado**. Como estava ocupada, só ontem é que tive tempo de ir à loja.

Ana: Você ainda conseguiu aproveitar a promoção de fim de ano?

Isabel: Não. Se **tivesse ido à loja** na semana passada, a teria aproveitado.

Ana: Mesmo assim, você não pediu para eles fazerem desconto?

Isabel: Talvez **tivessem dado**, se eu **tivesse pedido**.

Ana: Olhe, se **tivesse falado** comigo, eu teria conseguido um muito barato.

対話 7

アーナ：やあ、イザベル。アントーニオが言ってたけど、あなた、先週新しいコンピュータを買ったんだってね。

イザベル：前に買っておけばよかったわ。忙しかったから、昨日になってはじめて店に行く時間が持てたの。

アーナ：あなたは年末のバーゲンを利用できたの？

イザベル：できなかったよ。私が先週店に行っていれば、それを利用したのだけど。

アーナ：そうであっても、あなたは値引きしてくれるように彼らに頼まなかったの？

イザベル：頼んでおけば、彼らはやってくれていたかもしれないね。

アーナ：ねぇ、もし私に話してくれていたら、はるかに安いものを手に入れることができたのにね。

❶ 接続法過去完了形の作り方

《ter もしくは haver の《接続法不完全過去（半過去）》＋特定の動詞の過去分詞》

Falar 動詞を例に示しましょう。

Que eu	tivesse falado	houvesse falado
Que tu	tivesses falado	houvesses falado
Que ele, ela, você	tivesse falado	houvesse falado
Que nós	tivéssemos falado	houvéssemos falado
Que vós	tivésseis falado	houvésseis falado
Que eles, elas, vocês	tivessem falado	houvessem falado

❷ 接続法過去完了の用法

次の場合においては《接続法過去完了》が用いられます。

1) 主節が、《接続法》を導く《直説法》の動詞の不完全過去か完全過去で、従属節で事柄の完了を述べるとき

Minha mãe **duvidava que** eu tivesse estudado.
母親は僕が勉強を終えていたことを疑っていた。

Julguei que você tivesse passado no exame.
僕は君が試験にパスしていたものと思っていました。

Pensamos que a senhora já tivesse se divorciado daquele homem.
そのご婦人はもうあの男と離婚していたものと、私たちは考えていました。

O técnico **acreditava que** seu time tivesse tido condições de ganhar.
監督は、自分のチームが勝つ状態にあったことを信じていた。

O médico **concluiu** que o paciente tivesse perdido as esperanças depois de se interar de seu diagnóstico.
<small>診断を受けた後にその患者が希望を喪った、と医者は結論付けた。</small>

---

2) se のある条件節（従節）で反実仮想を表すとき
《帰結節(主節)》＝ ter 動詞の《直説法過去未来形》＋特定の動詞の過去分詞》
　結果を表します。

Se eu **tivesse** tido muito dinheiro, teria comprado a loteria esportiva.
<small>もし私がたくさんお金を持っていたならば、スポーツ宝くじを買ったのだが。</small>

Se eles **tivessem** estudado com mais vontade, teriam passado de ano.
<small>もし彼らがもっとやる気で勉強していたら、次の学年に上がれただろうに。</small>

Eles teriam vindo nos receber, **se tivéssemos** avisado que viríamos.
<small>もし私たちが来ることを知らせていたならば、彼らは私たちを迎えに来ただろうに。</small>

O empresário teria viajado para o exterior, **se** os negócios **tivessem** ido bem.
<small>もし商売がうまくいったとしたら、その経営者は海外へ旅行していただろうに。</small>

As senhoras teriam tomado chá após a reunião, **se tivessem** tido tempo.
<small>もし時間があったとしたら、婦人たちは会議の後にお茶を飲んだでしょうに。</small>

Exercício

練習問題

接続法過去完了

1. 次の文章を訳しましょう。

1) 私たちは生徒たちが必死に勉強したことを疑った。

2) 僕は、総長はとっくにポルトガルから帰国されたものだと思っていました。

3) 私たちは、もうすでに離婚問題は解決していたのだと思っていました。

4) もし君が勉強していたならば、テストでもっといい点数がとれたでしょう。

5) 彼に、僕に対してもっと思いやりを持ってほしかったです。

6) 彼が僕の頼みごとに応じることを、僕は期待していました。

7) 母親は、彼女がもっと勉強することを望んでいました。

8) 僕は、マリアが弟と一緒に散歩に行けばよかったのにと思った。

9) 彼女は、上司が自分の仕事を選んでくれることを切望していた。

10) もし真実を語っていたならば、君がそんなに多くの問題を抱えることはなかったのに。

2. 次の文章を訳しましょう。

1) Eu contava que ele tivesse desistido de lutar.

2) O pai preferia que ele tivesse escolhido uma universidade em Quioto.

3) Ela queria que o marido tivesse comprado aquela casa.

4) Se tivesses conhecido a minha mãe, já não estranhavas o meu feitio.

5) Eu gostaria que ele tivesse ido comigo à praia.

6) Se tivesses estudado mais um pouco, já não estavas tão preocupada com o exame.

7) O João preferia que ele tivesse ido para casa.

8) Eu julgava que o Manuel tivesse preparado o relatório.

9) Eu teria ido à praia, se não tivesse chovido.

10) Se estivesses ficado calado, nada disto aconteceria.

Capítulo 8

接続法未来
O futuro do subjuntivo

対話 8 接続法未来を用いた会話を読んでみましょう。

Carlos: Olá, Tanaka. Você e sua família já estão prontos para ir para o Brasil?

Tanaka: Sim, Carlos. Nós iremos na próxima semana.

Carlos: Que bom! O que vocês pretendem fazer quando **chegarem** ao Brasil?

Tanaka: Quando nós **chegarmos** ao Brasil, a primeira coisa que vamos fazer é procurar um apartamento bem espaçoso no bairro da Liberdade. Quero que minha família se sinta bem confortável enquanto **estivermos** morando lá.

Carlos: O bairro da Liberdade tem muitos restaurantes japoneses, não é mesmo?

Tanaka: É verdade. Quando **sentirmos** saudades do Japão e **quisermos** comer comida japonesa, teremos muitas opções.

Carlos: Se você **tiver** tempo, eu recomendo que visite a cidade do Rio de Janeiro também. É muito bonita.

Tanaka: Minha mulher e eu gostamos muito de viajar. Se não **estivermos** muito ocupados durante as férias

e se **conseguirmos** economizar algum dinheiro, pretendemos visitar várias cidades no Brasil.
Carlos: Espero que se divirtam.
Tanaka: Obrigado.

対話 8

カルロス：おい、田中。君と君の家族はもうブラジルに行く準備ができているのかい？
田中：そうだよ、カルロス。来週に行くんだ。
カルロス：それはいいね。ブラジルに着いたら、君たちは何をするつもりかい？
田中：僕たちがブラジルに着いてする最初のことは、リベルダーデ地区でかなりゆとり（空間）のあるアパートを探すことなんだ。僕は、そこに住んでいる間は、家族にはすこぶる快適に感じてもらいたいのさ。
カルロス：リベルダーデ地区にはたくさんの日本食レストランがあるのだろう、そうだよね？
田中：そうさ。僕たちが日本に郷愁を感じ、日本料理が食べたい時は、たくさんの選択肢があるよ。
カルロス：もし君に時間があれば、リオ・デ・ジャネイロも訪ねることを僕は勧めるよ。とってもきれいだよ。
田中：妻と僕は旅をするのが大好きなんだ。休暇中もしそんなに忙しくなく、いくらかお金を節約できれば、ブラジルのさまざまな都市を訪ねるつもりさ。
カルロス：エンジョイしてほしいね。
田中：ありがとう。

《接続法》の未来には単純形と複合形があります。双方の違いは用法のところで述べますが、複合形は、従節で表す未来の事柄が主節動詞よりも前に完了している時に用いられます。まず、単純形から見ていきましょう。

❶ 接続法未来（単純形）の作り方

> 《直説法完全過去三人称複数形》の語尾 -ram を取り去り、
> -r, -res, -r, -rmos, -rdes, -rem をつける。

注 この作り方に例外はなく、人称不定詞と同様です。ただし、不規則動詞の《接続法未来形》は人称不定詞と異なる場合が少なくないので、注意を要します。

規則動詞の活用

例 Falar（話す）

直説法完了過去三人称複数形　　Eles falaram - (ram) = fala + ___

Quando eu	fala + **r**	= falar
Quando tu	fala + **res**	= fala**res**
Quando ele, ela, você	fala + **r**	= falar
Quando nós	fala + **rmos**	= fala**rmos**
Quando vós	fala + **rdes**	= fala**rdes**
Quando eles, elas, vocês	fala + **rem**	= fala**rem**

例 Beber（飲む）

直説法完了過去三人称複数形　　Eles beberam - (ram) = bebe + ___

Quando eu	bebe + **r**	= bebe**r**
Quando tu	bebe + **res**	= bebe**res**
Quando ele, ela, você	bebe + **r**	= bebe**r**
Quando nós	bebe + **rmos**	= bebe**rmos**
Quando vós	bebe + **rdes**	= bebe**rdes**
Quando eles, elas, vocês	bebe + **rem**	= bebe**rem**

例 Partir（出発する）

直説法完了過去三人称複数形　　Eles partiram - (ram) = parti + ___

Quando eu	parti + **r**	=	parti**r**
Quando tu	parti + **res**	=	parti**res**
Quando ele, ela, você	parti + **r**	=	parti**r**
Quando nós	parti + **rmos**	=	parti**rmos**
Quando vós	parti + **rdes**	=	parti**rdes**
Quando eles, elas, vocês	parti + **rem**	=	parti**rem**

不規則動詞の活用

例 Ter（持つ）

直説法完了過去三人称複数形　　Eles tiveram - (ram) = tive + ___

Quando eu	tive + **r**	=	tive**r**
Quando tu	tive + **res**	=	tive**res**
Quando ele, ela, você	tive + **r**	=	tive**r**
Quando nós	tive + **rmos**	=	tive**rmos**
Quando vós	tive + **rdes**	=	tive**rdes**
Quando eles, elas, vocês	tive + **rem**	=	tive**rem**

例 Ser（である）・**Ir**（行く）

直説法完了過去三人称複数形　　Eles foram - (ram) = fo + ___

Quando eu	fo + **r**	=	fo**r**
Quando tu	fo + **res**	=	fo**res**
Quando ele, ela, você	fo + **r**	=	fo**r**
Quando nós	fo + **rmos**	=	fo**rmos**
Quando vós	fo + **rdes**	=	fo**rdes**
Quando eles, elas, vocês	fo + **rem**	=	fo**rem**

Capítulo 8 接続法未来

例 Estar（いる・ある）

直説法完了過去三人称複数形　　Eles estiveram - (ram) = estive + ___

Quando eu	estive + **r**	=	estive**r**
Quando tu	estive + **res**	=	estive**res**
Quando ele, ela, você	estive + **r**	=	estive**r**
Quando nós	estive + **rmos**	=	estive**rmos**
Quando vós	estive + **rdes**	=	estive**rdes**
Quando eles, elas, vocês	estive + **rem**	=	estive**rem**

❷ 接続法未来（単純形）の用法

以下の場合、《接続法未来単純形》を用います。

1) 形容詞節において、未来についての不確実な事柄を述べる時

Aqueles que vierem sem identidade não poderão entrar.
　身分証明書なしに来る人たちは、入れないだろう。

As **pessoas que** forem mais cedo serão beneficiadas.
　より早く行った人たちが恩恵を受けるだろう。

Se o turista não estiver com seu passaporte, ele não poderá comprar na loja.
　もしその観光客がパスポートを持っていなければ、店で買い物はできないでしょう。

2) 副詞節において、未来の事柄を述べる時

注　通常、次のような《時を表す接続詞》を伴いながら、未来の行為や状態を表現する場合。
　　　depois que［してから、〜した後、〜してから］
　　　enquanto［〜する間］,
　　　logo (assim) que［〜するとすぐ］
　　　quando［〜する時］
　　しかし、次頁の例文のように習慣的な動作・行為を表現するときは直説法になります。

*Quando vou ao Pantanal, sempre me hospedo no hotel-fazenda.
<small>パンタナルに行くと、僕はいつも農園ホテルに泊まります。</small>

Depois que ～した後に

Depois que abrirmos a conta no banco poderemos fazer depósitos.
<small>私たちは銀行で口座を開いた後、お金を預けることができます。</small>

Elas só poderão frequentar a academia **depois que** pagarem suas inscrições.
<small>入会料を払ってはじめて、彼女たちはスポーツクラブに通えます。</small>

Ela pretende se casar **depois que** seu noivo arranjar um emprego.
<small>婚約者が仕事を見つけた後、彼女は結婚するつもりである。</small>

Enquanto ～している間に

Enquanto formos aspirantes, treinaremos o mais possível.
<small>私たちが士官候補生である間、できる限り訓練するだろう。</small>

Não vou sair de casa, **enquanto** minha mãe não estiver.
<small>お母さんがいない間は、僕は家から出ません。</small>

Os agricultores não começarão o plantio **enquanto** não começar a chover.
<small>雨が降り始めないうちは、農民たちは作付を始めないでしょう。</small>

Logo que ～するとすぐ

Logo que minha família chegar em casa, sairei para a festa.
<small>僕の家族が帰宅するとすぐ、僕はパーティーにでかけるでしょう。</small>

Comprarei um carro **logo que** tiver recebido meu primeiro salário.
<small>初めての給料を受け取ったらすぐに、僕は車を購入するでしょう。</small>

Nós iremos ao Cristo Redentor **logo que** chegarmos ao Rio de Janeiro.
リオ・デ・ジャネイロに着くや否や、私たちはキリスト像［コルコヴァード］に行くでしょう。

Quando ～するときに

Quando voltar da Bahia, falarei com teu pai.
バイアから帰ったときに、私は君のお父さんに話します。

Quando eu tiver minha própria casa, me sentirei mais à vontade.
僕が自分の家を持った暁には、もっと気楽に感じるでしょう。

Eu pretendo ir a um restaurante brasileiro **quando** sentir saudades da comida de meu país.
自分の国の食べ物に懐かしみを覚えるときは、私はブラジル料理のレストランに行くつもりです。

3) 接続詞 se を用いて、未来もしくは現在の純然たる条件文を作る時

Se fizer bom tempo amanhã, farei piquenique com minha namorada.
明日天気が良かったら、僕は恋人とピクニックをします。

Se não estiver muito ocupado no próximo ano, eu estudarei português.
来年もし多忙でなければ、私はポルトガル語を勉強します。

Se elas puderem viajar, elas irão visitar o norte do Brasil.
もし彼女らが旅行できれば、ブラジルの北部を訪ねるでしょう。

注 以下の例のように、 条件 (condicional) の se →《接続法》
時 (temporal) の se →《直説法》

Se **tiver** dinheiro, sempre comprarei a loteria.
もしお金があれば、僕はいつも宝くじを買うでしょう。

Se tenho dinheiro, sempre compro a loteria.
もしお金があれば、僕はいつも宝くじを買います。

> 4) como, conforme, segundo のような方法の比較を示す接続詞が来る時

Como　〜するように

Faça **como** você achar melhor.
君がよりよいと思うようにやりなさい。

Vocês podem organizar esta atividade **como** quiserem.
君たちは、望みどおりにこの活動を組織することができます。

Por favor, venham à nossa casa **como** preferirem, seja de carro ou a pé.
あなたたちが好きなように、車か徒歩のいずれかでどうぞ私たちの家に来てください。

Conforme　〜するように

Ele precisa se comportar **conforme** eu disser.
僕が言うことに従って、彼は振る舞う必要がある。

Nós nos comportaremos **conforme** eles ordenarem.
彼らが命じるように、われわれは行動をするでしょう。

Os navios sairão do porto **conforme** estiver o tempo.
船は時間通りに出港するでしょう。

Segundo　〜するように

A moça resolverá o que fazer **segundo** o que a cartomante lhe aconselhar.
トランプ占い師が彼女に助言するように、その娘はすることを決めるでしょう。

Os enfermeiros se revezarão **segundo** os médicos lhes ordenarem.
医者が命じるように看護師たちは交代するでしょう。

O jogador deve fazer a jogada **segundo** o treinador lhe instruir.
コーチが教えるとおりに選手はプレーをしなければならない。

5) 関係代名詞文において未来の不確かな事柄を表現するとき

Minha mãe fará tudo o que eu quiser.
　私の母は僕が望むことをすべてするでしょう。

Farei o que eu puder.
　僕が出来ることはします。

Escolheremos as roupas que preferirmos.
　私たちは好きな服を選ぶでしょう。

❸ 接続法未来完了（複合形）の作り方

《ter か haver の《接続法未来》＋過去分詞の形》

falar 動詞を例に示しましょう。

Quando eu	tiver falado	houver falado
Quando tu	tiveres falado	houveres falado
Quando ele, ela, você	tiver falado	houver falado
Quando nós	tivermos falado	houvermos falado
Quando vós	tiverdes falado	houverdes falado
Quando eles, elas, vocês	tiverem falado	houverem falado

❹ 接続法未来完了の用法

　主節動詞で表現される未来の動作・行為よりも前に行われるであろう未来の動作・行為、すなわち完了を述べる際に、従節において《接続法未来複合形》がきます。

Se não tiver terminado esta tarefa até ao próximo domingo, não poderei tomar parte na festa de Kobe.
　もし今度の日曜日までにこの仕事を完了していなければ、神戸祭りに僕は参加できないでしょう。

Quando você tiver aprendido bem o emprego do modo subjuntivo, poderá compreender mais a gramática portuguesa.
<small>君が接続法の用法をよく学んだときは、ポルトガル語文法をさらに理解できるでしょう。</small>

Quando os candidatos tiverem decidido que curso fazer, poderão começar a estudar para as provas de admissão.
<small>どのコースにするかを決めたときは、志願者たちは入学試験の勉強を始めることができるでしょう。</small>

A professora ficará muito decepcionada **se** os alunos não tiverem feito o dever de casa.
<small>もし生徒たちが宿題をやらなかったなら、先生は大いに失望するでしょう。</small>

Exercício

練習問題

接続法未来（単純形）および未来完了（複合形）

1. 次の文章を訳しましょう。

1) 早く着いた人たちは、好きなものを選ぶことができるだろう。

2) 僕は結婚してから、毎日曜日に外出するのはやめるでしょう。

3) 私たちがベレンに行ったら、有名なヴェロ・ペーゾ (Ver-o-Peso) 市場を訪ねるだろう。

4) 親類たちが家に着くと、僕は大学に出向くでしょう。

5) 僕たちが学生である間、見聞を広めるためにできる限り海外を訪ねるだろう。

6) もしあなたが毎日欠かさずダイエットすれば、減量できるでしょう。

7) 僕たちはそのマダムの言いつける通りにするでしょう。

8) どんなことがあっても、私は来年、美味しいワインを飲むためにポルトに行くでしょう。

9) もし僕がアマゾンの動物の生態に関する本を読み終えたら、君に感想を述べることができるだろう。

10) もし私たちがこの深刻な問題を来週までに解決し得なかったら、来月、全員で慰安旅行することはできないでしょう。

2. 次の文章を訳しましょう。

1) Tirarei férias este ano, aconteça o que acontecer.

2) Comprarei esse vestido, se for mais barato.

3) Se chegar cedo, irei ter contigo ao café.

4) Digas o que disseres, não me convencerás.

5) Se completarmos o trabalho, saíremos este fim de semana.

6) Quando puder, comprarei um dicionário dos verbos portugueses.

7) Custe o que custar, farei o negócio.

8) Ganhe o que ganhar, ficarei contente.

9) Quando negociar o preço da casa, recordarei seu conselho.

10) Seja quem for, eu não atenderei o telefone.

_____

_____

3. 接続法の現在もしくは未来形を用いて、文章を完成させましょう。

1) Coma o que _____, a Maria não engorda.
2) Poupe o que _____, não vou conseguir juntar dinheiro suficiente para comprar um carro.
3) Custe o que _____, tenho de passar no teste de amanhã.
4) _____ quem vier, será bem acolhido por todos.
5) _____ o que acontecer, tenho de acabar o relatório hoje.
6) _____ o que disser, ninguém vai acreditar nele.
7) Vista o que _____, tudo fica bem à Joana.
8) Saiba o que _____, não diga nada.
9) _____ onde estiver, ele vem ter comigo.
10) Àquela hora, _____ por onde for, há sempre trânsito.

CAPÍTULO 9 | 条件文(条件法)
Orações Condicionais

> **対話 9** 条件文を用いた会話文を読んでみましょう。

Paulo: Pedro, o que você faria se você **ganhasse** na loteria?

Pedro: Se eu **tivesse** a sorte de ganhar na loteria, eu compraria um carro e viajaria por toda a Europa.

Paulo: Se eu **pudesse** eu faria a mesma coisa também. Mas apesar da ter dinheiro, eu nunca tenho tempo para viajar.

Pedro: Se você **tirasse** férias mais frequentemente, você poderia fazer várias viagens.

Paulo: Se eu **encontrasse** tempo para tirar férias, eu o faria, mas estou sempre muito ocupado.

Pedro: Eu acho que se as pessoas não **trabalhassem** tanto, elas poderiam ser mais felizes.

Paulo: É verdade.

> **対話 9**

パウロ：ペドロ、もし君に宝くじが当たったら、何をするかい？

ペドロ：もし幸運にも宝くじに当たったならば、車を買ってヨーロッパ中を旅することでしょう。

パウロ：もし可能であったなら、僕も同じことをするだろうよ。しかし、お金はあるにもかかわらず、ついぞ旅する時間がないんだ。

ペドロ：もし君にたびたび休暇が取れたら、多くの旅ができるだろうに。

パウロ：もし僕に休暇をとる余裕を見出せたら、そうするだろう。でも、いつも僕はとっても忙しいんだ。

ペドロ：もし人々が大いに働かないのであれば、もっと幸せになれる、と僕は思うよ。

パウロ：まったく。

条件法

> ・単なる条件文→《直説法》
> ・se ＋条件文→《接続法》
> 　＊未来に関する単なる条件文とともに、主として仮定（仮想）を含む条件文（反実仮想）についても習熟したいところです。

例 Falar（話す）

Se eu	falasse
Se tu	falasses
Se ele, ela, você	falasse
Se nós	falássemos
Se vós	falásseis
Se eles, elas, vocês	falassem

注 現在および過去に関する単なる条件文が現実に反していない場合→条件節と帰結節に《直説法》を用います。なお、習慣的な事象を扱うことが少なくないので、se の代わりに quando が使用されることがあります。

Se faz bom tempo, vou passear, se chove, fico em casa lendo um romance.
　　天気が良ければ、僕は散歩に出かけるし、雨が降れば、小説を読みながら家にいる。

Quando estou cansado, descanso ouvindo a música brasileira.
　　疲れている時は、私はブラジル音楽を聴きながら休息します。

❶ 仮想（仮定）を含む条件文

> 1) **現在の事実に反対の仮定を表す場合**
> 　［条件節］《接続法不完全過去》＋
> 　　　　　　　［帰結節］《直説法過去未来》か《不完全過去》

Se eu tivesse bastante dinheiro, compraria aqueles imóveis.
もし私が十分お金を持っていたら、あの不動産を買うのだが。

Eu contaria tudo o que aconteceu, **se você quisesse**.
もし君が望むなら、起きたことの一切を話しますが。

Minha mãe ficaria muito contente, **se eu voltasse** a meu país.
もし私が自分の国に帰ったら、母はとても喜ぶだろうに。

> 2) 過去の事実に反対の仮定を表す場合
> ［条件節］《接続法過去完了》か《不完全過去》＋
> ［帰結節］《直説法過去未来》・《複合形・単純形》か《不完全過去》

例 Falar（話す）の接続法過去完了の場合

Se eu	tivesse falado	houvesse falado
Se tu	tivesses falado	houvesses falado
Se ele, ela, você	tivesse falado	houvesse falado
Se nós	tivéssemos falado	houvéssemos falado
Se vós	tivésseis falado	houvésseis falado
Se eles, elas, vocês	tivessem falado	houvessem falado

Eu teria acabado anteontem, **se tivesse podido**.
もしできたら、一昨日終わっていたのだが。

Eu teria comprado um carro ano passado, **se tivesse arranjado** dinheiro.
もしお金を工面できていたら、昨年、僕は車を一台買っていただろう。

Se tivesse conseguido passar no exame, eu teria ido estudar no exterior quando era jovem.
もし試験に合格していたら、若い時に僕は外国に勉強をしに行っていただろうに。

3) 未来の事柄に関して強い疑念を表す場合
　　［条件節］《接続法不完全過去》＋《直説法過去未来》か《不完全過去》

Faríamos isso depois de amanhã, **se tivéssemos** tempo.
　もし私たちに時間があれば、明後日それをするだろう。

Os jovens fariam uma excursão pela África no próximo mês, **se pudessem** ter pago.
　もし（旅費を）払うことができたら、若者たちは来月アフリカ旅行をするだろう。

O garçom receberia hora extra, **se viesse** trabalhar neste fim de semana.
　もしこの週末働きに来たら、そのボーイは残業代を受け取るだろう。

❷ 仮定（仮想）を含まない条件文

　前述の通り、現在に関する単なる条件文の場合は、条件節、帰結節ともに《直説法》が使えます。しかし、未来に関する単なる条件文になると、条件節には《直説法現在》以外に、《接続法未来》でも可能です。つまり、整理しますと、以下のような公式になります。

　　［条件節］＝《接続法未来》か《直説法現在》
　　［帰結節］＝《直説法未来》か《直説法現在》

Se minha prima não **estudar** [estuda], não será aprovada.
　もし従妹が勉強しなければ、合格しないだろう。

Se não **nevar** [neva] amanhã, iremos [vamos] ao jardim botânico como de costume.
　もし明日雪が降らなければ、私たちはいつものように植物園に行くでしょう。

Se você **investir** [investe] seu dinheiro hoje, você terá [tem] segurança no futuro.
　もし今日君のお金を投資すれば、将来は安心でしょう。

Exercício 練習問題

条件文

1. 次の文章を訳しましょう。

1) もし私に今十分時間があったら、国立図書館で調べものをするのですが。

2) 貴女がお望みなら、結婚披露宴で起きたハプニングを僕がお話しますが。

3) 明後日は雪らしい。しかしながら、もし万が一降らなかったら、彼女とドライブに行くでしょう。

4) 昨日、彼女と会っていたら、今度の北東部旅行について話していたのだが。

5) もし私たちが運がよければ、遅くとも夜の7時には家に着いているでしょう。

6) もし君たちが節度を持って飲めば、多くの問題を抱えることはないでしょう。

7) もしルイースの父親がそんなにしばしば送金しなければ、彼はもっと努力しなければならないでしょう。

8) もし君がもっと子供たちと会話をしたならば、彼らはそんなに孤独にはならないのに。

9) マルタは、もし彼女の両親が認めないならばタバコを吸わないでしょう。

10) もし毎日歯を磨いたならば、アルベルトはそんなに多くの虫歯にはならないのに。

2. 次の文章を訳しましょう。

1) Se tivesse dinheiro, compraria esse carro.

2) Se visitassem a avó, o vosso pai ficaria contente.

3) Se fizesses alguma coisa interessante, já não te aborrecerias.

4) Se lessem o jornal, saberiam a notícia.

_____

5) Se tomasses o medicamento, estarias melhor.

_____

6) Eu seria mais simpático contigo se não me importunasses tanto.

_____

7) As vendas da sua loja aumentariam muito se você fizesse mais descontos.

_____

8) Você não teria tanto sono pela manhã se dormisse cedo como eu.

_____

9) Se você se maquiasse melhor, você pareceria bem mais bonita.

_____

10) Os funcionários teriam recebido seus salários se não tivessem feito greve.

_____

Capítulo 10 — 命令文（命令法）
O imperativo

> **対話 10**　命令文を用いた会話文を読んでみましょう。

Mãe — Joãozinho, o que você está fazendo aí fora?

Filho — Estou jogando bola com meus amigos.

Mãe — Então **pare** de jogar bola, **venha** para dentro e **faça** seu dever de casa imediatamente.

Filho — **Tem** paciência mãe. Eu faço o dever de casa depois.

Mãe — Não! **Comece** a fazer agora, porque depois você vai jantar.

Filho — Mas mãe, **espera** um momentinho, **deixa** eu brincar um pouco antes.

Mãe — Não **discuta** com sua mãe. **Termine** seu dever antes do jantar e você poderá brincar depois.

Filho — Eu nunca posso fazer o que eu quero...

> **対話 10**

母親：ジョアンジーニョ、お前は外で何をやっているのかい？

息子：友達とボール遊びをやっているんだ。

母親：それじゃボール遊びをやめて、家の中に入って直ちにあなたの宿題をしなさい。

息子：母さん、イライラしないで。後でするから。

母親：ダメ！　後で夕食を食べるから、今始めなさい。

息子：でも母さん、ちょっぴり待ってよ。その前に少し遊ばせてよ。

> 母親：(あなたの)お母さんに口答えするのではありません。夕食前にあなたの義務を終えなさい。そうすれば後で遊べるわ。
>
> 息子：僕のやりたいことが全くできはしない……。

　意外に思われるかもしれませんが、《命令法》でも、二人称に対する、「～するな」といった禁止する意味の否定命令の場合は、《接続法現在》の二人称が使われます。その意味で、《命令法》を理解することは、《接続法》の用法を正しく認識する上でも重要です。

　前述の二人称の否定命令（禁止）を表現する際に用いられる《接続法》の場合とは違って、命令法は概して、命令、依頼、要請、懇願などを表現する二人称の肯定命令の場合にのみに用いられます。

> 注 ブラジルでは、三人称に対する命令には本来、《接続法》を使わなければならないところを、俗語として《命令法》を用いている例が少なくありません。

❶ 命令文の作り方

＊命令法の規則動詞の作り方

～ar動詞	～er動詞	～ir動詞	
falar（話す）	beber（飲む）	partir（出発する）	
fala	bebe	parte	tu（単数）
falai	bebei	parti	vós（複数）

＊命令法の不規則動詞の作り方

～ar動詞	～er動詞	～ir動詞	
dar（話す）	ter（飲む）	ir（出発する）	
dá	tem	vai	tu（単数）
dai	tendes	ides	vós（複数）

> 注 ser の命令法は例外で、単数は sê、複数は sede となり、上の規則には従いません。

Capítulo 10　命令文

❷ 二人称に対する肯定命令での命令法の用法

まず《接続法》を用いない二人称の肯定の命令法の例文をいくつか挙げます。文の終わりは、終止符の代わりに感嘆符でも可能です。

Fala [tu] mais claramente.
　　もっとはっきり話しなさい。

Tem [tu] paciência!
　　辛抱しなさい！

Em Roma, **sê** [tu] romano.
　　「郷に入ったら郷に従え」（＝ローマにあっては、ローマ人のようになりなさい。）

Amanhã, **vem** [tu] mais cedo ao trabalho.
　　君は明日もっと早く仕事に来なさい。

Menino, **come** [tu] todos os vegetais.
　　坊や、すべての野菜を食べなさい。

Bebei [vós] até ficarem satisfeitos.
　　満足するまで飲みなさい。

Fazei [vós] o que pedimos.
　　私たちが頼んだことをしなさい。

Lembrai [vós] de mim todos os dias de vossa vida.
　　君たちの毎日の生活の中で、僕のことを思い出しなさい。

Fiéis, **orai** [vós] sempre com muita fé.
　　信者たちよ、君たちは大いなる信仰を持ってお祈りしなさい。

Celebrai [vós] a páscoa com alegria.
　　君たちは陽気に復活祭を祝いなさい。

❸ 二人称に対する否定命令における接続法の用法

Não [tu] **bebas** demasiadamente.
過度にお酒を飲むな。

Não [tu] **faças** aos outros o que não queres que façam a ti.
君に対して彼らがするのを好まないことを、他人に対してするな。

Não [tu] **discutas** com teus pais.
君の両親に君は異議を唱えるな。

Não [tu] **deves** procrastinar, pois tens muitas coisas a fazer.
君は延期すべきでない。なぜなら、君にはやるべきことがたくさんある。

Não [tu] **queiras** fazer tudo em um só dia.
君は一日だけですべてをやりたがるな。

Não [vós] **falais** alto no hospital.
病院では大きな声で話すな。

Não [vós] **partais** sem informações minuciosas.
詳細な情報なしに出発してはいけない。

Não [vós] **duvidais** de minha palavra.
僕の言葉を君たちは疑うな。

Não [vós] **ireis** sozinho para esta viagem.
この旅行に君たちは単独で行くな。

Não [vós] **fiqueis** triste, pois eu estarei sempre aqui.
君たちは悲しんではいけない。なぜなら、僕はいつもここにいるだろうから。

❹ 三人称に対する命令法の用法

三人称に対する命令（肯定・否定）→《接続法現在》

　　＊しかし、ブラジルでの日常表現では、俗語の形ながら、三人称に対する命令に、命令法を使っている場合を多く見かけます。

＊命令法の<u>規則動詞</u>の作り方：

～ ar 動詞	～ er 動詞	～ ir 動詞	
falar（話す）	beber（飲む）	partir（出発する）	
Fale	beba	parta	você（単数）
Falem	bebam	partam	vocês（複数）

＊命令法の<u>不規則動詞</u>の作り方：

～ ar 動詞	～ er 動詞	～ ir 動詞	
dar（話す）	ter（飲む）	ir（出発する）	
dê	tenha	vá	você（単数）
deem	tenham	vão	vocês（複数）

Abra a janela.
　　窓を開けなさい。

Venha cá. [=Vem cá.]＊
　　こちらに来なさい。　　　＊[ ]は俗語的表現。

Não **fume** na sala de espera.
　　待合室ではタバコを吸ってはいけない。

Faça seu exercício até a próxima semana.
　　来週までに（あなたの）練習問題をしなさい。

Vista-se rapidamente porque não temos muito tempo.
　　早く服を着なさい。だって私たちにはあまり時間がないから。

Digam a verdade sem mentira.
　　嘘を言わないで真実を言いなさい。

Deixem-me explicar o que aconteceu ontem.
昨日起きたことを私に説明させてください。

Acalmem-se, pois o perigo já passou.
あなたたちは冷静になってください。もう危険はなくなりましたから。

Não **comam** tão rápido assim.
あなたたちはそんなふうに早く食べてはいけません。

❺ 勧誘の表現：さあ～しよう

人を誘ったり勧めたりする際には、《接続法一人称複数》が使われます。表現形態は２つあります。《特定の動詞の接続法の一人称複数》と《Vamos ＋ 特定の動詞の不定詞》とです。

～ ar 動詞	～ er 動詞	～ ir 動詞	
falar（話す）	beber（飲む）	partir（出発する）	
fal**emos**	beb**amos**	part**amos**	nós
vamos falar	vamos beber	vamos partir	

Pensemos nisso mais uma vez com seriedade.
もう一度、それについて真剣に考えましょう。

Façamos de conta que nada aconteceu.
私たちは、何にも起こらなかったふりをしましょう。

Companheiros, **lutemos** até alcançarmos nossos objetivos.
仲間たちよ、われわれの目的を達成するまで闘おう。

Não nos **aflijamos**, nós conseguiremos vencer.
われわれは悩まないことにしましょう。打ち勝つことができるでしょう。

Saiamos juntos de casa amanhã.
明日僕たちは家を一緒に出ることにしましょう。

Vamos cantar o hino nacional!
国歌を歌いましょう！

Vamos jantar naquele restaurante italiano.
あのイタリアンレストランで夕食をしましょう。

Vamos jogar tênis depois do trabalho.
仕事の後で、テニスをしましょう。

Vamos assistir ao filme no fim de semana.
週末、その映画を観ましょう。

Vamos viajar nas férias de verão.
夏休みに旅行しましょう。

❻ 条件を表す命令文

《命令文＋ **e**（〜しなさい、そうすれば…です）》の形と、
《命令文＋ **ou**（〜しなさい、さもなければ…です）》の形があります。

Parta agora mesmo **e** chegará a tempo no exame.
今すぐ出発しなさい。そうすれば試験の時間に間に合うでしょう。

Estude bastante **e** conseguirá ser aprovado no exame.
十分勉強しなさい。そうすれば試験に合格できるでしょう。

Pague todas suas dívidas agora **e** poderá fazer um novo empréstimo.
あなたのすべての借金を今返しなさい。そうすれば新たに貸付できます。

Faça a reserva antecipadamente **e** será capaz de assistir ao jogo.
前もって予約しなさい。そうすれば試合を観覧できるでしょう。

Emagreça dez quilos **e** poderá usar este vestido.
10キロ痩せなさい。そうすればこの服が着られます。

Tome este medicamento imediatamente **ou** sua doença se agravará.
この薬を直ちに飲みなさい。さもないとあなたの病気は悪化します。

Venha com duas horas de antecedência **ou** não conseguirá embarcar.
2時間前に来なさい。でなければ乗車できません。

Coma menos **ou** não conseguirá emagrecer.
少しだけ食べなさい。さもなければ痩せることはできないでしょう。

Treine mais **ou** não vencerá a competição.
もっと訓練しなさい。でなければ試合には勝てません。

Comporte-se bem **ou** você não assistirá TV hoje à noite.
よく振る舞いなさい。さもなければ今夜、テレビを見ることができないでしょう。

❼ 丁寧な命令表現

　通常、願い事や依頼などをする時は、por favor, por gentileza, por fineza などの「どうか、すみませんが」という意味の文章を文頭か文末につけた《接続法》の用法を用いて、丁寧な命令を表します。

　その際、下に挙げた例のように「どうぞ〜してください」といった意味の婉曲的な表現になることが普通です。ただし、ここで注意しなければならないことは、4) に挙げる4つの例文からもわかるように、相手に依頼・懇願する場合に疑問文の形をとることがあり、その場合には《直説法》が用いられる点です。

Por favor, espere um momentinho.
ちょっとお待ちください。

Escreva o seu nome no caderno, **por favor**.
どうぞあなたの名前をノートに書いてください。

Por favor, não minta para mim.
どうか私に嘘をつかないでください。

Apertem os cintos de segurança, **por gentileza**.
どうぞ安全ベルトをお締めください。

Por fineza, entre por esta porta.
どうかこのドアから入ってください。

なお、上記の丁寧な表現以外に、婉曲的な表現もありますので例示します。

1) 《**Faça o favor de** + 不定詞》 どうか〜してください

   Faça o favor de chegar mais cedo.
   どうかもっと早めにお着きになるようにお願いします。

   Faça o favor de colocar cebola no meu sanduíche.
   僕のサンドイッチに玉ねぎを入れてください。

   Faça o favor de lavar as mãos antes de comer.
   食べる前にどうか手を洗ってください。

2) 《**Tenha a bondade de** + 不定詞》 〜してくださいますように

   Tenha a bondade de falar mais baixo dentro do elevador.
   エレベーターのなかではもっと低い声で話していただけませんか。

   Tenha a bondade de caminhar um pouco mais devagar.
   どうかもっとゆっくり歩いていただきたいです。

   Tenha a bondade de tirar o chapéu durante a missa.
   ミサの間は、どうか帽子をお脱ぎくださいますように。

3) 《**Faça-me o obséquio de** + 不定詞》 どうか〜してください

   Faça-me o obséquio de tirar os sapatos antes de entrar em casa.
   家に入る前にはどうか靴をお脱ぎになってください。

   Faça-me o obséquio de comparecer à reunião na hora marcada.
   どうか決められた時間に会合に顔を出してくださいませ。

   Faça-me o obséquio de guardar segredo sobre este assunto.
   この件についてはどうか秘密をお守りくださいませ。

4) **その他**

A senhora quer **ter a bondade de** me oferecer essa foto?
その写真を私にくださいませんか。

Você pode me **fazer a gentileza** de não fumar aqui?
ここではどうかタバコを吸われませんように。

Faz-me o favor de ensinar o caminho para a rua Ouvidor?
オウヴィドール通りに行く道を私に教えてくださいませんか。

Vocês podem me **fazer o favor de** não jogar lixo aqui?
君たちはここにゴミを捨てないようにお願いします。

— *Exercício*

練習問題

命令文（命令法）

1. 次の文章を訳しましょう。

1) （君は）私たちが言いつけたことをやりなさい。

2) （君たちは）もっと真剣になりなさい。

3) （君は）そんなことを言いなさるな。

4) さあ、僕たちの将来についてじっくり話し合いましょう！

5) 新聞を毎日読みなさい、そうすれば社会の動きが分かるようになります。

6) 一般教養も身につけなさい、さもないと専門バカになりますよ。

7) すみませんが、このお土産をお父さんに渡していただけませんか。

8) 子供たち、静かにしなさい！

9) 明日までその仕事を僕に託してください。

10) 注意して、ちゃんとわかるように使用説明書を読んでください。

2. 次の文章を訳しましょう。

1) Por favor, façam-no calar.

2) Amanhã, esteja aqui bem cedo.

3) Cumpramos a nossa obrigação de votar.

4) Entrem e sentem-se.

5) Consulte o médico para ficar mais tranquilo.

6) Tragam-me esse livro.

7) Diga-me o preço deste dicionário, por favor.

8) Fale mais baixo, por favor.

9) Passe-me essa gravata, por favor.

10) Calem-se e concentrem-se no trabalho.

付　録

付記

ポルトガル語を公用語とする国々で施行される
ポルトガル語の新正書法
O Novo Acordo Ortográfico

　ポルトガル語を公用語として使用する国々の間では、正字法を統一することは長年の課題でした。しかも、それぞれの国の事情もあってそれを達成するのには容易ならざるものがあったことは否めません。しかし、ポルトガル語圏の国々の代表が集まって新しいポルトガル語正書法の協定案が1990年10月12日に承認、同年の12月16日に署名されました。

　こうして、協定に基づく実質的な作業の実現に向けての第一歩が踏み出されたのです。その過程で、2004年にブラジル側によって修正されたものは、目下、2億3000万あまりの言語人口を有するポルトガル語圏において、正書法を統一しようとするものでした。とは言ってもそれは、内容面でルジタニアのポルトガル語の正書法の変更を強いる点が少なくなく、それだけにポルトガル側の反発や異論もなくはありませんでした。事実、言語学者の研究に従えば、新たな正書法が運用されるに当たって、ブラジルの国語辞典が語彙面で求められる変更・改訂がわずかに0.43%であるのに対して、ポルトガルの方は実に1.42%にも及ぶらしいのです。こうした事由からか、ポルトガル議会が最終的に修正案を承認したのは、実に2008年に至ってからのことです。

　とまれ、新正書法は準備期間を経て、2013年からいよいよ、ポルトガルを公用語とする8つの国々（ポルトガル、ブラジル［ポルトガル系アメリカ］、アンゴラ、カボ・ヴェルデ、ギネー・ビサウ、モザンビーク、サン・トメー・イ・プリンシペ［ポルトガル系アフリカ］、東ティモール［アジア］）で運用されました。意外なことに、赤道ギニアにおいても、2007年以来、公用語の一つと見なされています。

　公文書はもちろん、すべての記述は今後は新正書法に則って行われるようになります。この点、日本でポルトガル語を学習する者にとっては見過ごすことはできません。その意味でここでは、新正書法と従来のそれとを突き合わせながら、変更点でポイントとなるところを、可能な限り整理して簡単にまとめてみることにしました。

[**1**] これまで外来語でしか用いられなかった 3 文字 K, Y, W が加わりました。その主たる理由は、これらの語が大半のポルトガル語の辞典にすでに見られる上、ポルトガル語を公用語とするアフリカ諸国 (Países Africanos de Língua Oficial Portuguesa = PALOP) では、K, Y, W を使った言葉が多く存在することにあります。結果として、ポルトガル語のアルファベット（字母）は全部で 26 文字となります。K, Y, W は外国語起源の言葉はもちろん、外国の地名とその派生語、度量の単位、略号などに使用されます。

> 例　Yoga, kg (quilograma),
> Kosovo

[**2**] U の上にのみつくトレーマ ü がなくなります。ただし、外国の固有名詞の場合は例外です。

> 例　lingüiça → linguiça
> freqüência → frequência

> 例外　Müller
> Mülleriano

[**3**] ハイフンが必要な場合

1) 植物名や動物名を意味する複合語

> 例　couve-flor
> bem-te-vi

2) 接頭辞 (prefixo) circum-, pan- が付加されて形成された語

> 例　circum-navegação
> pan-americano

3) 接頭辞 híper-, inter-, super- が付加されて形成された語

> 例　hiper-realista
> super-revista
> inter-regional

4) 二番目の語が同じ母音で始まる時、母音で終わる接頭辞が付いて形成された語

> 例　anti-ibérico
> anti-inflamatório
> micro-ondas

5) grão-, grã- (Grão-Pará, Grã-Bretanha) や、動詞形 (Quebra-Costas) で始まる、あるいはその語が冠詞と結びついた地名 (Trás-os-Montes)

　　＊他の複合地名はハイフンなしで切り離されます。ただし、Guiné-Bissau は例外です。

　　例　Cabo Verde
　　　　Belo Horizonte

6) 二番目の語が h で始まる語形成

　　例　anti-higiénico
　　　　circum-hospitalar
　　　　co-herdeiro
　　　　super-homem
　　　　geo-história

7) 接頭辞で（前の状態もしくは中断の意味を伴う）ex-, pós-, pré-, pró-, vice- によって形成される語

　　例　ex-diretor
　　　　pós-graduação
　　　　pré-escolar
　　　　pró-africano
　　　　vice-reitor

8) 語彙をつなげるために偶然組み合わさった語

　　例　ponte Rio-Niterói

[4] ハイフンが消去されます。

1) 前置詞 de を伴う haver 動詞の直説法現在の単音節の形態

　　例　hei de
　　　　hás de
　　　　há de
　　　　hão de

2) 構成の概念を失った複合語

　　例　mandachuva
　　　　paraquedas

3) 二番目の単語が o で始まる時でも接頭辞 co と接合して形成された語

　　例　coocorrência
　　　　coordenar

4) 一般的な慣用句。ただし、例外あり。
　　　例 fim de semana
　　[例外] água-de-colônia
　　　　　arco-da-velha
　　　　　cor-de-rosa
　　　　　mais-que-perfeito
　　　　　pé-de-meia
　　　　　ao deus-dará
　　　　　à queima-roupa

5) 最初の語が母音で終わり、二番目の語がrもしくはsで始まる、子音が重複した複合語
　　　例 antirreligioso
　　　　 antissemita

6) 最初の語が母音で終わり、二番目の語が異なる母音で始まる複合語
　　　例 antiaéreo
　　　　 autoestrada
　　　　 agroindustrial
　　　　 hidroelétrico
　　　　 plurianual
　　　　 extraescolar

[5] 小文字で書かなければならなくなる語
　1) 季節名や月、基本方位と中間方位
　　　ただし、省略語や地域名の最初の語は大文字のままである。
　　　例 maio
　　　　 primavera
　　　　 oeste
　　　　 Ela é uma senhora do **Sul** mas trabalha no **Norte**.

　2) 小文字でも大文字でもいい場合
　　① 教科、学科名
　　　例 Matemática=matemática
　　　　 curso de Direito=direito

② 街路名、公共の場所の名称、寺院や建物名
　例 Rua do Ouvidor

③ 語頭と固有名詞を除く、著作もしくは作品名
　例 O Crime do Padre Amaro = O crime do padre Amaro

④ 略さない形の敬称・尊称
　例 Senhor Doutor = senhor doutor
　　　Sua Excelência = sua excelência
　　　ただし、その省略形は大文字となる。Sr. Dr., S. Exa.

[6] 鋭音符が取れる場合

1) 最後から2番目の音節に強勢 (paroxítona) がある語で、強勢のある母音が開口二重母音 (ditongo aberto) の **eia** および **oia** で終わる単語は鋭音符がなくなる。
　　例 idéia → ideia
　　　　jibóia → jiboia

2) 最後から2番目の音節に強勢を持つ語 (=paraxítono) で、強勢のある i および u の直前に二重母音がある場合
　　例 feiúra → feiura

3) 語根に強勢のある apaziguar, averiguar などの動詞の活用形で、強勢のある u が g もしくは q に次いで、e もしくは i の前に来るとき
　　例 averigúe (averiguar) → averigue
　　　　apazigúe (apaziguar) → apazigue

4) 同じつづりで意味の異なる単語を区別する意味で、従来使用していたアクセントがなくなる。したがって同じ形となる。
　　例 pêra [果物のナシ] ― pera [古い形の前置詞] → pera
　　　　péla [動詞 pelar の三人称単数形の変化]
　　　　　　　　　　　― pela [前置詞 por と冠詞 a の縮合形] → pela
　　　　pára [動詞 parar の三人称単数形の変化] ― para [前置詞] → para
　　　　pêlo [毛、綿毛] ― pelo [前置詞 por と定冠詞 o の縮合形] → pelo

5) 第一活用動詞の二人称複数形の完全過去は amámos でも amamos でもいい。louvámos も louvamos も同様。

[**7**] 閉音符 (ê) が必要でなくなる場合

1) 母音接続［別々の音節に属する２つの母音が隣り合う］(=hiato) "oo" で終わる語

    例 abençôo → abençoo
    　　vôo　　 → voo
    　　enjôo　 → enjoo

2) 動詞 dar, ler, crer, ver とその派生動詞の《直説法》もしくは《接続法現在・三人称複数形》の場合で、e が重なる時には閉音符を必要としない。

    例 lêem　 → leem
    　　crêem → creem
    　　dêem　→ deem

    * ただし、《接続法現在・二人称複数形》は dêmos でも demos でもいい。名詞 fôrma forma も同様である。その一方で、《直説法・三人称単数》の完全過去形である pôde は、《直説法・三人称単数》の現在形と区別するために閉音符は不可欠である。動詞 pôr と前置詞 por の場合も、前者では閉音符を消去できない。

[**8**] «mpc» «mp» の言葉の配列において p は消去され、«mpt» の場合では、«m» は «n» に替える必要がある。

    例 peremptório → perentório

[**9**] ポルトガルとブラジル双方の正書法が認められる場合

1) ポルトガルとブラジルでは、以下のように発音と書き言葉が異なる単語があるが、双方の正書法を従来通り認める。

    例 amnistia = anistia
    　　caracter = caráter
    　　ceptro = cetro
    　　dicção = dição
    　　corruto = corrupto
    　　facto = fato
    　　indemnizar = indenizar

2) 同じ単語ながらポルトガルでは鋭音符が、一方ブラジルでは閉音符が使われるものが数多く存在する。新正書法では双方を従来通り認める。

 例 bebé = bebê
   bónus = bônus
   cómodo = cômodo
   croché = crochê
   matiné = matinê
   ténis = tênis
   António = Antônio

[10] 正書法の協定では無声子音の削除も検討中で、同じ子音が発音される場合に限って従来通りとなる。

［削除される場合］	［子音が発音されるので従来通りの場合］
cc → c ac ção → a ção	cc = cc friccionar = friccionar
ct → t actual → atual	ct = ct intelectual = intelectual
pc → c excepcional → excecional	pc = pc opcional = opcional

正書法関連の参考文献・資料

Winter, Neumar Carta. *Reforma Ortográfica 2009*. Curitiba, Juruá Editora, 2009.
Portugal. Resolução da Assembleia da República n.º 26/91 "Diário da República. Série A" Número 193 de 23 de agosto de 1991.
República Federativa do Brasil. Decreto Nº 6.583, de 29 de setembro de 2008.

CONJUGAÇÕES PARADIGMÁTICAS DO SUBJUNTIVO
接続法の語形変化

1ª Conjugação (Regular –ar)
第 1 変化動詞

LAVAR 洗う

Presente 現在形	lave	**Pretérito Imperfeito** 不完全過去形	lavasse	**Futuro** 未来形	lavar
	laves		lavasses		lavares
	lave		lavasse		lavar
	lavemos		lavássemos		lavarmos
	laveis		lavásseis		lavardes
	lavem		lavassem		lavarem

2ª Conjugação (Regular –er)
第 2 変化動詞

APRENDER 学ぶ

Presente 現在形	aprenda	**Pretérito Imperfeito** 不完全過去形	aprendesse	**Futuro** 未来形	aprender
	aprendas		aprendesses		aprenderes
	aprenda		aprendesse		aprender
	aprendamos		aprendêssemos		aprendermos
	aprendais		aprendêsseis		aprenderdes
	aprendam		aprendessem		aprenderem

3ª Conjugação (Regular –ir)
第 3 変化動詞

PARTIR 出発する

Presente 現在形	parta	**Pretérito Imperfeito** 不完全過去形	partisse	**Futuro** 未来形	partir
	partas		partisses		partires
	parta		partisse		partir
	partamos		partíssemos		partirmos
	partais		partísseis		partirdes
	partam		partissem		partirem

Algumas Conjugações Irregulares
いくつかの不規則動詞の変化

DAR 与える

Presente 現在形	dê	Pretérito Imperfeito 不完全過去形	desse	Futuro 未来形	der
	dês		desses		deres
	dê		desse		der
	dêmos		déssemos		dermos
	deis		désseis		derdes
	dêes		dessem		derem

ESTAR いる

Presente 現在形	esteja	Pretérito Imperfeito 不完全過去形	estivesse	Futuro 未来形	estiver
	estejas		estivesses		estiveres
	esteja		estivesse		estiver
	estejamos		estivéssemos		estivermos
	estejais		estivésseis		estiverdes
	estejam		estivessem		estiverem

FAZER する、作る

Presente 現在形	faça	Pretérito Imperfeito 不完全過去形	fizesse	Futuro 未来形	fizer
	faças		fizesses		fizeres
	faça		fizesse		fizer
	façamos		fizéssemos		fizermos
	façais		fizésseis		fizerdes
	façam		fizessem		fizerem

HAVER ある、存在する

Presente 現在形	haja	Pretérito Imperfeito 不完全過去形	houvesse	Futuro 未来形	houver
	hajas		houvesses		houveres
	haja		houvesse		houver
	hajamos		houvéssemos		houvermos
	hajais		houvésseis		houverdes
	hajam		houvessem		houverem

IR 行く

Presente 現在形	vá	Pretérito Imperfeito 不完全過去形	fosse	Futuro 未来形	for
	vás		fosses		fores
	vá		fosse		for
	vamos		fôssemos		formos
	vades		fôsseis		fordes
	vão		fossem		forem

PÔR 置く

Presente 現在形	ponha	Pretérito Imperfeito 不完全過去形	pusesse	Futuro 未来形	puser
	ponhas		pusesses		puseres
	ponha		pusesse		puser
	ponhamos		puséssemos		pusermos
	ponhais		pusésseis		puserdes
	ponham		pusessem		puserem

QUERER ～したい、欲する

Presente 現在形	queira	Pretérito Imperfeito 不完全過去形	quisesse	Futuro 未来形	quiser
	queiras		quisesses		quiseres
	queira		quisesse		quiser
	queiramos		quiséssemos		quisermos
	queirais		quisésseis		quiserdes
	queiram		quisessem		quiserem

SABER 知る、できる［能力的に］

Presente 現在形	saiba	Pretérito Imperfeito 不完全過去形	soubesse	Futuro 未来形	souber
	saibas		soubesses		souberes
	saiba		soubesse		souber
	saibamos		soubéssemos		soubermos
	saibais		soubésseis		souberdes
	saibam		soubessem		souberem

SER 〜である

Presente 現在形	seja	Pretérito Imperfeito 不完全過去形	fosse	Futuro 未来形	for
	sejas		fosses		fores
	seja		fosse		for
	sejamos		fôssemos		formos
	sejais		fôsseis		fordes
	sejam		fossem		forem

TER 持つ

Presente 現在形	tenha	Pretérito Imperfeito 不完全過去形	tivesse	Futuro 未来形	tiver
	tenhas		tivesses		tiveres
	tenha		tivesse		tiver
	tenhamos		tivéssemos		tivermos
	tenhais		tivésseis		tiverdes
	tenham		tivessem		tiverem

VIR 来る

Presente 現在形	venha	Pretérito Imperfeito 不完全過去形	viesse	Futuro 未来形	vier
	venhas		viesses		vieres
	venha		viesse		vier
	venhamos		viéssemos		viermos
	venhais		viésseis		vierdes
	venham		viessem		vierem

参考文献
Bibliografia

彌永史郎著『基礎ポルトガル語文法』、大学書林、2011 年。

河野彰著「ブラジルポルトガル語における接続法の用法について」、「ブラジル研究」(*Revista de Estudos Brasileiros*)、2007 年。

田所清克・伊藤奈希砂共著『現代ポルトガル語文法』、白水社、2004 年。

富野幹雄・伊藤秋仁著『総合ブラジル・ポルトガル語文法』、朝日出版社、2013 年。

友田金三著『ブラジルポルトガル語文法・作文』、友田出版社、1993 年。

深沢暁・和嶋エレナ著『新ベーシックブラジルポルトガル語』、東洋書店、2011 年。

吉川恵美子著『接続法を使って話そうスペイン語』、NHK 出版、2007 年。

Barbosa, Augusta Aparecida et ali. *Português (ensino médio)*. São Paulo, Editora Frase, 2003.

Bechara, Evanildo. *Moderna Gramática Portuguesa (37ª edição, revista e aumentada)*. Rio de Janeiro, Lucerna, 1999.

Cunha, Celso; Cintra, Lindley. *Nova Gramática do Português Contemporâneo*. Lisboa, Edições João Sá da Costa, 1984

Fente, Rafael Gomes et ali. *El Sujuntivo*. Madrid, Ediciones Aravanca, 1977.

Lorscheiter, Vendelino. *Curso de português*. Centro de Estudos Luso-Brasileiros, s.d.

Mateus, Maria Helena Mira et ali. *Gramática da Língua Portuguesa*. Lisboa, Editorial Caminho, 2003.

● 著者略歴

田所　清克（たどころ　きよかつ）
京都外国語大学・教授、ブラジル民族文化研究センター主幹、大阪府外国人相談コーナー顧問など。
1948年熊本県阿蘇生まれ。1975年から2年間ブラジル国立フルミネンセ（リオ）大学大学院国費留学後、京都外国語大学大学院修了。民族地理学を基盤としたブラジル学、ブラジル文学の研究に従事。『会話と作文に役立つポルトガル語定型表現365』『ゼロから始めるブラジル・ポルトガル語』（三修社、共著）、『ブラジル学への誘い』（世界思想社）、『現代ポルトガル語文法』（白水社、共著）、『ブラジル北東部の風土と文学』（金寿堂出版）、『ブラジル文学事典』（彩流社、共著）など、ブラジルの民族や文化、文学関係の著作・翻訳多数。

Moisés Kirk de Carvalho Filho（モイゼス・キルク・デ・カルヴァーリョ・フィリョ）
京都外国語大学ブラジルポルトガル語学科・准教授
1972年ブラジル生まれ。1996年アマゾニア大学教育学部を卒業後来日。2002年広島大学教育学研究科博士後期課程心理学専攻修了。フィリピンのデ・ラ・サール(De La Salle)大学准教授を3年間務めた後、2005年に再来日し、京都大学教育学研究科にて日本学術振興会外国人特別研究員そして2008年から助教として務めた。2011年4月から現職。教育認知心理学研究及び第二言語学習に関する国際比較研究に従事。『メタ記憶：記憶のモニタリングとコントロール』（北大路書房、共著）、『グローバル化時代のブラジルの実像と未来』（行路社、共著）など、心理学関連の学術論文多数。

Pedro Carlos Freitas Aires（ペドロ・カルロス・フレイタス・アイレス）
京都外国語大学ブラジルポルトガル語学科・准教授
1976年ポルトガル生まれ。1999年リスボン大学文学部文学研究科西洋古典語古典文学専攻を卒業後来日。2005年金沢大学大学院文学研究科修士課程日本語学日本文学専攻修了。ポルトガル大使館文化部を経て、2007年4月から現職。ポルトガル語学の研究に従事。『絵でひけるビジュアル事典』（国際語学社、共著）、『ブラジル人児童と先生のためのポルトガル語コミュニケーション』（国際語学社、共著）、『なまえのことばとくらしのことば（言葉図鑑にほんご・えいご・ポルトガルご・スペインご）』（偕成社、共訳）など、ポルトガル語学の著作多数。

著者
田所清克(たどころ　きよかつ)
Moisés Kirk de Carvalho Filho(モイゼス・キルク・デ・カルヴァーリョ・フィリョ)
Pedro Carlos Freitas Aires(ペドロ・カルロス・フレイタス・アイレス)

中級へのブラジル・ポルトガル語文法

2013年9月10日　第1刷発行

著　者　──　田所清克
　　　　　　　モイゼス・キルク・デ・カルヴァーリョ・フィリョ
　　　　　　　ペドロ・カルロス・フレイタス・アイレス
発行者　──　前田俊秀
発行所　──　株式会社 三修社
　　　　　　　〒150-0001　東京都渋谷区神宮前2-2-22
　　　　　　　TEL 03-3405-4511
　　　　　　　FAX 03-3405-4522
　　　　　　　振替 00190-9-72758
　　　　　　　http://www.sanshusha.co.jp/
　　　　　　　編集担当　山本 拓
印刷所　──　萩原印刷株式会社
製本所　──　有限会社栄久堂

©Kiyokatsu TADOKORO, Moisés Kirk de CARVALHO Filho, Pedro Carlos Freitas AIRES 2013 Printed in Japan
ISBN978-4-384-05720-1　C1087

表紙デザイン　──　中島 浩
本文DTP　　　──　株式会社 欧友社

Ⓡ〈日本複製権センター委託出版物〉
本書を無断で複写複製(コピー)することは、著作権法上の例外を除き、禁じられています。本書をコピーされる場合は、事前に日本複製権センター(JRRC)の許諾を受けてください。
JRRC〈http://www.jrrc.or.jp/　e-mail: info@jrrc.or.jp
tel: 03-3401-2382〉

ゼロから始めるブラジル・ポルトガル語

田所清克　伊藤奈希砂 著　A5判　168頁　2色刷
定価 2,520 円　ISBN 978-4-384-00715-2

○文法説明を可能な限り平易かつ簡潔にし、入門者に物理的・心理的負担をかけないよう心がけました。各課末には対話と練習問題をおき、巻末の付録には数詞や日名などの単語、間投詞、あいさつなどをまとめ、会話表現に役立つよう工夫しました。「文字と発音」「主要例文」「会話」を収録した CD 付き。

会話と作文に役立つポルトガル語定型表現365

田所清克 著／ジョアン・ピント 編集協力　四六判　384 頁
定価 2,625 円　ISBN 978-4-384-05721-8

○初級を終えた中級者向けに編集し、日常よく使用される定型表現や重要構文を網羅しました。それぞれの構文・表現には複数の例文付き。本書で取り上げている定型的な構文を学習すれば、「読む・書く・話す」力が身に付きます。CD［MP3］にはすべての例文の音声を吹き込んであります。

ブラジル・ポルトガル語会話 55 の鉄則表現

萩野リカ 監修　A5判　186頁　2色刷
定価 2,310 円　ISBN 978-4-384-04310-5

○ネイティブとのコミュニケーションで使われる頻度の高いブラジル・ポルトガル語会話パターンを 55 の鉄則として選び出し、語句を入れ換えるだけで自在に使えるようにしました。付属 CD には本書の主なフレーズは日本語とブラジル・ポルトガル語が収録されています。電車の中などの空き時間に "聞き流す" 学習でブラジル・ポルトガル語の語感を体得することも上達を一気に早めます。

SANSHUSHA

ゼロから話せるブラジル・ポルトガル語

浜岡究 著　A5判　160頁　2色刷
定価 2,520 円　ISBN 978-4-384-05681-5

○「覚えるフレーズ」でまずフレーズを身につけます。「ダイアローグで学んでみよう」では日常生活のさまざまな場面を想定した会話をわかりやすく解説しています。さらに表現を増やしたり、ことばのしくみを学びます。「文法編」ではポルトガル語の文法を体系的に解説しました。「ヴィジュアル ブラジル・ポルトガル語」ではイラストとともに単語を楽しく身につけます。ミニ辞書としても使える INDEX 付き。

バッチリ話せるブラジル・ポルトガル語

浜岡究 監修　A5判　192頁　2色刷
定価 2,520 円　ISBN 978-4-384-04284-9

○基礎文法を踏まえ「覚えたい表現」と「使ってみたい表現」を効率的にムダなく「ゼロから」やり直しができるように、わかりやすく解説。自然なブラジル・ポルトガル語の発音とリズムを身につけることができます。

ブラジル・ポルトガル語スピーキング

野中モニカ 著　A5判　232頁
定価 2,940 円　ISBN 978-4-384-05671-6

○ CD に吹き込まれたポルトガル語をお手本に、イラストを見ながら何度も繰り返しフレーズを発音します。シャドーイングができるようになるまで練習することで、確実に会話力がアップします。応用表現も豊富に採録。日本でブラジル人と話すことと、現地で使用することの両方に配慮した構成になっています。

SANSHUSHA

Gramática do Português Brasileiro
Dez lições de nível intermediário

中級への
ブラジル・ポルトガル語
文法

田所清克／モイゼス・カルヴァーリョ／ペドロ・アイレス　著

Exercícios 別冊解答集

SANSHUSHA

Exercícios 解答集

Capítulo 3　接続法現在

❸ 名詞節の接続法

1.
1) Esperamos que você cuide de seus pais.
2) Não quero que você saia daqui.
3) Nós esperamos com grande expectativa que os senhores progridam na vida.
4) Eu pedi que a minha mãe comprasse bolo de queijo no supermercado.
5) Desejo que o próximo ano seja maravilhoso para o senhor.
6) Nós exigimos que a empresa respeite as leis.
7) Eu aconselho que vocês leiam pelo menos 2 horas por dia.
8) O fazendeiro está mandando que nós trabalhemos até no fim de semana.
9) O professor rigoroso nunca permite que os alunos conversem na saula de aula.
10) Permita-me que lhes apresente meu amigo.
11) Meus pais proibem expressamente que nós vamos a lugares perigosos.
12) O professor pede que os alunos tragam sua merenda amanhã.
13) O meu médico recomenda que eu caminhe no mínimo 2 horas por dia.
14) Sinto muito que os senhores não possam vir à minha palestra depois de amanhã.
15) É uma pena que você não tenha me explicado antecipadamente a razão pela qual não tenha podido vir.
16) Eu duvido que os empregados estejam trabalhando com afinco na minha ausência.
17) Eu receio que ela tenha se perdido.
18) Estou contente que meus pais ainda estejam vivos apesar de estarem bem idosos.
19) Eu não acho que todos os seres humanos sejam maus.
20) Você não acha que os políticos cumpram suas promessas?

2.
1) 僕の従妹がそれをすることはあり得ます。
2) 君たちは流暢に話すことができる（ようになる）ために語彙力をつける必要がある。
3) アルバイトの件では、支配人に相談するのが都合がいい。
4) 僕が納得するためには、彼が説明するだけで十分だ。
5) あなたの友人がブラジル旅行に参加するか、確かではありません。
6) 今どきの学生さんに概して学習意欲が無いのは残念です。
7) 若い女性が電車の中でものを食べたりお化粧したりするのは恥である。
8) 欧州が経済危機から脱するのは極めて困難である。

9) 若者はいつも夢を抱いていることが必要だ。
10) ロマンス系諸言語を同時にいくつか学ぶのは容易である。

3.
1) O motorista **pede que** os passageiros **utilizem** cinto de segurança.
   運転手は安全ベルトを使用するように乗客に要請する。
2) O professor **pede que** os alunos não **cheguem** atrasados.
   先生は生徒たちに遅れて来ないように頼む。
3) O João Pinto **pede que** o amigo **ouça** o CD novo.
   ジョアン・ピントは友人に新しいCDを聴くように頼む。
4) O nutricionista **pede que** o paciente **siga** as instruções da dieta.
   栄養士はダイエットの指示に従うように患者に懇請する。
5) A mãe **pede que** não **falem** tão alto.
   母親は彼らが高い声で話さないように求めている。
6) A Maria **pede que** o João **traga** a cadeira para o jardim.
   マリアはジョアンに椅子を庭に持ってくるように頼んでいる。
7) Ele **pede que** o pai lhe **compre** o jornal.
   彼は父親が自分に新聞を買ってくれるように頼む。
8) A avó **pede que** o neto **apague** as luzes da sala.
   祖母は孫に部屋の灯りを消すように頼んでいる。

❹ 形容詞節の接続法
1.
1) Nós procuramos uma chácara que nos agrade.
2) Há algum médico aqui que possa fazer o diagnóstico?
3) Não há ninguém aqui que seja um especialista nesse assunto.
4) Quero ler um livro que me faça pensar.
5) Quero estudar algo que seja útil para o meu futuro.
6) Receio fazer algo que te prejudique no trabalho.
7) Ele quer comprar um carro que agrade à mulher.
8) Ela pensa pedir um preço que seja razoável.
9) Gostava de encontrar um técnico que resolva a avaria do televisor.
10) Espero encontrar um livro que esclareça bem esse assunto.

2.
1) 君が仕事をみつけるのを手伝うために僕は何かしたい。
2) その料理人は、レストランのお客さんを満足させる食事を準備したがっている。
3) マリアは健康的な食事を好んでいます。
4) マヌエルは、車のタイヤ交換を（彼を）手伝ってくれる人を望んでいた。
5) 私はポルトガル語の動詞を学ぶのを手助けしてくれる本が買いたい。
6) 自分の将来を保証する仕事を私は持ちたいです。

7) 君を気に入る人を私は一人も知りません。
8) ソファーを動かすのを手伝ってくれる人は誰かいませんか。
9) ジョアンは彼と一緒にいてくれる猫を欲しがっている。
10) マリアはよく似合う服を買いたがっています。

❺ 副詞節の接続法

1.
1) Se eu tivesse tempo de sobra eu visitaria Portugal.
2) Se meu sobrinho estudasse com afinco, passaria no exame para a OAB (Organização dos Advogados do Brasil).
3) Eu sempre escrevo uma carta para que meus pais fiquem sossegados.
4) Ainda que sejamos pobres, temos que viver honesta e corretamente.
5) Vou esperar aqui até que minha tia chegue.
6) Façam como quiserem (= desejarem).
7) Eu irei a festa a menos que não consiga terminar meu dever de casa.
8) Podemos ir ao mercado juntos, caso chegues a cedo.
9) Nosso time vai se classificar mesmo que não vença o jogo de hoje.
10) Escrevo-lhe um e-mail todos os dias de maneira que não fique preocupada.

2.
1) Talvez eu não vá ao cinema, mas <u>haja o que houver</u> vou sair de casa hoje.
   おそらく私は映画館に行きませんが、何があっても今日、外出します。
2) <u>Por menos que</u> trabalhes, vais receber teu salário integralmente.
   たとえどんなに君が働かなくとも、君の給料の全額を受け取るでしょう。
3) Minha irmã ainda não decidiu o que comprar, mas <u>seja o que for</u> ela o comprará hoje mesmo.
   僕の妹はまだ何を買うか決めていません。が、何であれまさしく今日、彼女は買います。
4) Meu filho foi aprovado no vestibular, <u>ainda que</u> não tenha estudado quase nada.
   ほとんど勉強しなかったにも関わらず、私の息子は入学試験に合格しました。
5) O pai não comprou o doce, <u>por muito que</u> os filhos quisessem.
   たとえどんなに子供たちが欲しがっても、父親はお菓子を買わなかった。
6) <u>Seja quem for</u>, ninguém poderá entrar nesta área.
   誰であろうと、このエリアに入ることはできないでしょう。
7) Os investidores pouparam dinheiro <u>a fim de que</u> não precisassem enfrentar a crise.
   投資家たちは、危機に直面することがないようにお金を貯めている。
8) As crianças irão ao piquenique <u>somente se</u> os pais também forem.
   両親も一緒に行くときにだけ、子供たちはピクニックに行くでしょう。
9) Avise-me <u>logo que</u> seu pai chegue de viagem.
   あなたの父親が旅行から帰ったらすぐ、私に知らせてください。

10) Marcos fez de tudo para comprar o carro posto que não tivesse dinheiro.
マルコスは、お金がなかったけれども、車を購入するためにあらゆることをした。

Capítulo 4　主節もしくは独立文において

1.
1) Abra a janela.
2) Não faça aos outros o que você não gostaria que lhe fizessem.
3) Não comas mais que isso.
4) Conversemos muito sobre a vida.
5) Não pensemos mais sobre isso.
6) Deus me perdoe!
7) Oxalá que não venha uma tempestade amanhã.
8) Talvez ele seja ricaço.
9) Talvez isto esteja errado.
10) Mais cedo ou mais tarde, talvez o Brasil se torne o maior celeiro do mundo.

2.
1) 坊や、教会のなかでは走るものではありません。
2) うまくいけば（＝神の思し召しにかなえば）、私は今年結婚します。
3) あなたの祈りがどうかジョゼーさんに受け入れられますように。
4) 子供たちよ、元気を出して！ もっと意欲を持って歌いなさい！
5) 私たちは今、船で出ることはできません。おそらく潮が満ちるのが遅れていますから。
6) どうか明日のリハーサルにマリアが遅れませんように。
7) 幸いにもそうなるなら（＝神の思し召しにかなえば）、今年は一度も地震が起きませんように。
8) その犯罪が発生した時に、マーリオは居合わせていた。彼はたぶん何か知っている。
9) どうかあの女と君が結婚しませんように。
10) ここへ早く来なさい。おそらく君はまだ飛行機に乗れます。

Capítulo 5　接続法不完全過去

1.
1) Meus pais desejaram que eu estudasse no exterior por um curto prazo.
2) Pedimos ao alfaiate que trouxesse a mostra hoje.
3) Os professores duvidaram que os alunos estudassem nas férias de verão.
4) Seria preciso que lhe mandássemos um e-mail de agradecimento sem demora.
5) Como organizador, sinto muito que poucos convidados estivessem presentes.
6) Se eu tivesse um dicionário aqui, poderia consultar essa palavra.
7) Se eu tivesse a sua capacidade, tentaria entrar nas melhores empresas.

8) Ah! Se eu pudesse viajar pela Amazônia com aquela garota.
9) A família hospedeira me trata como se eu fosse de casa.
10) O meu amigo falou como se tivesse ido a Fortaleza.

2.
1) その少年はさも驚いたかのようにいきなり立ち上がった。
2) ジョアンは彼にロベルトのコンサートのチケットを買ってくれるように頼んだ。
3) あの選手はまるでウサギのように走っていた。
4) その友人は彼にあのホテルにいるように進言した。
5) 彼はあの日に彼の友人が訪ねてくることを期待していた。
6) 君が僕に嘘をついていなければいいなと思う。
7) 彼女が通り過ぎるとき、世界中が微笑みながら美しくなると、もし彼女が知っていたなら。
8) 彼はさも何にも起きなかったかのように振る舞っていた。
9) 先生たちは、生徒たちがもっと活動に参加することを期待していた。
10) もしこの店がもっと安く売るならば、顧客はもっと増えるだろうに。

Capítulo 6   接続法完全過去

1.
1) Duvidamos que os alunos tenham estudado muito.
2) O senhor acredita que a comitiva já tenha chegado ao Rio?
3) Não creio que minha namorada tenha falado com seu pai a respeito do nosso casamento.
4) Caso tenham bebido demasiado, precisam descansar o organismo.
5) É possível que o assaltante tenha tido ajuda de um cúmplice.
6) Não me parece que tenhamos abordado esse tema na nossa última reunião.
7) Surpreende-me que ela tenha casado tão jovem.
8) Não acredito que a Mariana tenha dito uma coisa dessas.
9) Espero que tenha conseguido fazer um bom teste.
10) Duvido que meu filho tenha estudado enquanto estive fora de casa.

2.
1) もうチケットを買ったか私に知らせてください。
2) 彼らが僕のメッセージを理解したことを私は期待しています。
3) おそらく彼は、奨学金に応募することを断念した。
4) マヌエルがそのプロジェクトを続行したことを私は疑っています。
5) ジョゼーが地理の試験にパスしたことを、僕は信じられません。
6) 申込書を記入した時に、僕が間違えたことはあり得ます。
7) 過度に飲んだ場合は、運転できません。
8) その選手は他のチームと契約したことを否定しています。
9) 君が家の仕事をしているならば、テレビを見ることができます。

10) 彼が故意にそれをやったとは私は思いません。

Capítulo 7   接続法過去完了（＝大過去）

1.
1) Duvidávamos que os alunos tivessem estudado com muito empenho.
2) Eu esperava que o reitor já tivesse regressado ao país.
3) Julgávamos que o problema do divórcio já tivesse sido solucionado.
4) Se tivesses estudado, terias melhor nota no teste.
5) Eu gostaria que ele tivesse sido mais simpático comigo.
6) Eu esperava que ele tivesse atendido ao meu pedido.
7) A mãe desejava que ela tivesse estudado mais.
8) Eu preferiria que a Maria tivesse ido passear com o irmão.
9) Ela ambicionava que o chefe tivesse escolhido o seu trabalho.
10) Se tivesses contado a verdade, não tinhas tantos problemas.

2.
1) 彼が闘うのを断念したことを僕は期待していた。
2) 父親は、彼が京都のとある大学を選択したことをより好ましいと思っていた。
3) 彼女は夫があの家を買ってくれることを望んでいた。
4) もし私の母を知っていたら、君はもはや僕の性格を奇異には思わなかっただろうに。
5) 彼に私と一緒に浜辺に行って欲しかった。
6) もしもう少し勉強をしていたならば、君はもう試験をそんなに心配することはなかったのだが。
7) ジョアンは、彼が家に行っていたほうがよいと思っていた。
8) マヌエルが報告書を準備していたと僕は思っていました。
9) もし、雨が降っていなかったならば、僕は海辺に行っただろう。
10) もし君が無口であったならば、そんなことは全く起きなかったのに。

Capítulo 8   接続法未来

1.
1) Aqueles que chegarem cedo, poderão escolher.
2) Depois de casar, vou deixar (=deixarei) de sair aos domingos.
3) Se formos a Belém, visitaremos o famoso mercado do "Ver-o-Peso".
4) Assim que meus parentes chegarem em casa, eu sairei à universidade.
5) Enquanto formos estudantes, visitaremos os países estrangeiros para aumentarmos nossos conhecimentos.
6) Se você fizer dieta todos os dias sem falta, você perderá peso.
7) Faremos segundo o que a senhora tiver mandado.
8) Irei ao Porto no próximo ano para beber aquele delicioso vinho, haja o que houver.
9) Se eu terminar a leitura do livro referente à ecologia zoológica da Amazônia, eu poderei dar-lhe a minha impressão sobre isto.

10) Se não pudermos resolver este problema sério, não poderemos fazer a viagem de recreio no próximo mês.

2.
1) 何が起きようとも、今年僕は休暇をとります。
2) もし安ければ、私はこの服を買います。
3) もし早く着けば、私は君とカフェに行きます。
4) 君が何を言ったとしても、僕を説得することはできないでしょう。
5) もし私たちが仕事を終えたら、この週末、出かけるでしょう。
6) もし（買うことが）可能であれば、僕はポルトガル語の動詞辞典を買います。
7) どんなに犠牲を払っても、私は取引をします。
8) 何を得ようと私は満足します。
9) 家の価格を交渉する時は、私はあなたの助言を思い出します。
10) 誰であれ、僕は電話に応えないでしょう。

3.
1) Coma o que <u>comer</u>, a Maria não engorda.
   どんなに食べようとも、マリアは太らない。
2) Poupe o que <u>poupar</u>, não vou conseguir juntar dinheiro suficiente para comprar um carro.
   どんなに貯めようとも、僕は車を買うために十分なお金を集めることはできないでしょう。
3) Custe o que <u>custar</u>, tenho de passar no teste de amanhã.
   どんな犠牲を払っても、私は明日の試験にパスしなければなりません。
4) <u>Venha</u> quem vier, será bem acolhido por todos.
   誰が来ようとも、みんなによく受け入れられるでしょう。
5) <u>Aconteça</u> o que acontecer, tenho de acabar o relatório hoje.
   何が起きようとも、僕は今日、報告書を終えなければならない。
6) <u>Diga</u> o que disser, ninguém vai acreditar nele.
   何を言おうと、誰も彼を信用しないでしょう。
7) Vista o que <u>vestir</u> tudo fica bem à Joana.
   何を身に着けようと、ジョアーナには何でもよく似合う。
8) Saiba o que <u>souber</u>, não diga nada.
   たとえ知っていても、何にも言わないでください。
9) <u>Esteja</u> onde estiver, ele vem ter comigo.
   どこにいようと、彼は僕に会いに来ます。
10) Àquela hora, <u>vá</u> por onde for, há sempre trânsito.
    あの時間にはどこを経由しようとも、いつも混んでいます。

Capítulo 9　条件文（条件法）

1.
1) Se eu tivesse bastante tempo, averiguaria (=averiguava) na Biblioteca Na-

cional.
2) Eu contaria (=contava) a surpresa da notícia do casamento, se a senhora quisesse.
3) Parece que vai nevar depois de amanhã. Entretanto, se não nevasse, passearia (=passeava) de carro com minha namorada.
4) Eu teria (=tinha) falado sobre próxima viagem pelo Nordeste, se me tivesse encontrado ontem com ela.
5) Se tivermos sorte, estaremos em casa às 7 da noite, o mais tardar.
6) Se vocês bebessem moderadamente, não teriam (=tinham) tantos problemas.
7) Se o pai de Luís não enviasse dinheiro tão frequentemente, ele teria (=tinha) que se esforçar mais.
8) Se você conversasse mais com seus filhos, eles não seriam (=eram) tão solitários.
9) Marta não fumaria (=fumava) se seus pais não permitissem.
10) Alberto não teria (=tinha) tantas cáries se escovasse os dentes todos os dias.

2.
1) もしお金があったら、その車を買うだろうに。
2) もし彼らが祖母を訪ねたら、君たちのお父さんは喜ぶだろうに。
3) もし君が何か興味あることをしたら、もう退屈しないだろう。
4) もし彼らが新聞を読めば、ニュースを知るだろうに。
5) もし君が薬を服用すれば、よくなるだろうに。
6) もし君がそんなに困らせなかったら、僕はもっと君に好意的になるでしょうに。
7) もし君がもっと値引きすれば、君の店の売れ行きは大いに上がるだろう。
8) もし僕のように早寝すれば、君はそんなにたくさんの夢を朝に見ることはないでしょう。
9) もし君がもっと上手に化粧を施すなら、もっときれいに見えるだろう。
10) もしストライキをしなかったならば、従業員たちは給料を受け取っていただろうに。

Capítulo 10   命令文（命令法）

1.
1) Faça o que ordenamos.
2) Façam (isso) com mais seriedade.
3) Não digas tal coisa.
4) Conversemos (=vamos conversar) com calma sobre os nossos sonhos do futuro!
5) Leia um jornal todos os dias e você passará a compreender as opiniões da sociedade.
6) Aprenda (ou tenha) cultura geral, ou vai ficar burro na sua área de estudos.
7) Faça-me o favor de entregar esta lembrancinha ao seu pai.
8) Meninos, fiquem calados!

9) Entreguem-me o trabalho até amanhã.
10) Atenção, leia as instruções para ficar bem esclarecido.

2.
1) どうか彼を黙らせてください。
2) 明日、かなり早くここにいてください。
3) われわれの投票する義務を果たしましょう。
4) お入りになって、そしてお掛けください。
5) もっと落ち着くために医者に診てもらいなさい。
6) あなたたちは私にその本を持ってきてください。
7) どうかこの辞書の値段を私に言ってください。
8) どうかもう少し低い声で話してください。
9) すみません、そのネクタイを私に渡して（取って）ください。
10) 黙って、そして仕事に集中しなさい。